TARANKII QURBAHA TAGEY

TARANKII QURBAHA TAGEY

CABDULQAADIR CABDULLE DIINI

DIINI PUBLICANTIONS & LOOH PRESS
2024

LOOH PRESS LTD.
in Partnership with Diini Publications

Copyright © Cabdulqaadir Cabdulle Diini 2024.
Dhowran © Cabdulqaadir Cabdulle Diini 2024
Secod Edition, First Print January 2024.
Soo Saariddii 2aad, Daabacaaddii 1aad January 2024

All rights reserved.
Xuquuqda oo dhan waa dhowrantahay.

Buuggan dhammaantiis ama qayb ka mid ah sina looma daabici karo loomana kaydsan karo elegtaroonig ahaan, makaanig ahaan ama hababka kale oo ay ku jirto sawirid, iyada oo aan oggolaansho laga helin qoraaga. Waa sharci-darro in buuggan la koobbiyeeyo, lagu daabaco degellada internetka, ama loo baahiyo si kasta oo kale, iyada oo aan oggolaansho laga helin qoraaga ama cid si la caddayn karo ugu idman maaraynta xuquuqda.

WAXAA DAABACAY / PUBLISHED BY:
Looh Press Ltd.
56 Lethbridge Close
Leicester, LE1 2EB
England. UK
www.LoohPress.com
LoohPress@gmail.com

Wixii talo ama/iyo tusaale ah kala xiriir qoraaga:
Diini1991@gmail.com

Galka:	Looh Press
Naqshadeynta:	Kusmin (Looh Press)

Cinwaankan wuxuu ka diiwaangashan yahay Maktabada Qaranka ee Birittan
A catalogue record of this title is available from the British Library.

ISBN:
978-0-9573180-5-2   Gal khafiif ah (Paperback)

Tusmo

Hordhac 7
Gogolxaar 9
   Khatarta Ku Koridda Dhulka Gaalada 11
   Dhibaatooyinka   Xagga Diinta 12
   Ololaha Kiristaamaynta Soomaalida 15
   Dhibaatooyinka Xagga Akhlaaqda 18
   Dhibaatada Xagga Afka 20
Sababaha Keena In Ilmuhu Qalloocdo 30
   Deegaan Iyo Saaxiibbo Xun 31
   Gaboodfalka Iyo Ka Gaabinta Waalidka 37
   Ka Warqab-La'aanta Carruurta 37
   Garaaca Badan Wuxuu Ilmaha Ku Keenaa Inuu Qalloocdo. .. 45
   Aqoon-La'aanta Waalidka. 52
   Duullaanka Maskaxda Ee Dumarka Lagu Hayo 56
   Kala-Tegidda Labada Waalid. 61
   Kala Duwanaanta Dhaqanka Iyo Qaanuunka 71
Iskuulku Waa Goob Ilmaha Lagu Barbaariyo 87
Xoolo Raadintu Waxay Lumisaa Barbaar Badan 100

Xorriyadda Dhalanteedka Ah Iyo Dhallinta 106
Qof Toosan Ayaa Wax Hagaajiya 112
Barbaariyeyaasha Dahsoon 130
Sidee Ayaan Xal U Raadinnaa? 134
   Is-Hagaajinteenna Waxaa Ku Jira Bedbaadada Carruurta 135
   Ku Dedaal Tarbiyadda Carruurtaada 138
   La Soco Isbeddelka Koritaanka Carruurtaada 141
   La Soco Nidaamka Waddanka Aad Ku Nooshahay 144
   Isu Dheellitiridda Edbinta Carruurta 148
Gunaanad 151
Tixraac .... خطأ! الإشارة المرجعية غير معرّفة.

Hordhac

Buuggani waa qoraal gaaban oo si kooban uga hadlaya, guud ahaan xaalka ay ku nool yihiin bulshada Soomaaliyeed ee ku dhaqan waddammada Galbeedka ee Yurub, Waqooyiga Ameerika, Ustaraaliya, iwm. Wuxuu si gaar ah qoraalku wax uga bidhaaminayaa xaaladda ubadkeenna ku nool qurbaha.

Qoraalkan inaan qoro waxaa igu bixiyey, kaddib markii aan arkay dhibaatada baaxadda weyn ee haysata qoysaskii Soomaaliyeed ee u qaxay waddamada Galbeedka, gaar ahaan da'yartii soo koreysey. Iyadoo aan aaminsanahay in waxa aan ka qaban karo dhibaatadaa gunta weyn ay aad u kooban tahay ayey, haddana, waxay ila noqotay in qormadani waxuun bulshada u tari doonto.

Markii hore waxaan ku bilaabay inaan qoraalka isagoo taxane ah geliyo qaar ka mid ah bogagga Af-soomaaliga ku soo baxa. Taxanahaas waxaan wadey oo uu socdey muddo dheer oo sanooyin ku siman. Kaddib, waxaan u arkay inay hagaagsanaan lahayd inaan, intaan qoraalka hal meel isugu geeyo, ka dhigo buug si akhriskiisa iyo ka faa'iidaysigiisuba ay u fududaadaan.

Kutubta iyo muxaadarooyinka aan tixraacay ka sokow, waxyaabaha aan cuskaday ee aan qoraalkayga salka uga dhigay waxaa ka mid ah, xog aan ka soo uruuriyey bulshada Soomaaliyeed ee Galbeedka ku nool, gaar ahaan Yurub oo ah halkii aan ku noolaa. Arrin walba oo aan rabo inaan wax ka ogaado waxaan isku dayey inaan wax ka weydiiyo cidda ugu aqoonta roon ee aan heli karey. Waxaan ku dedaaley inaanan cid walba wax ka qaadan ee aan marka hore iska hubiyo. Tusaale ahaan, haddii aan rabo inaan arrimaha waxbarashada wax ka ogaado, waxaan raadinayey macallimiinta Soomaaliyeed ee iskuullada wax ka dhiga.

Meelaha qaarkood waxaan doortay inaan xogta oo keliya soo gudbiyo oo aan ka maarmo inaan magacaabo ciddii aan ka maqlay. Taa waxaan u doortay anigoo ku qanacsan in waxa muhiimka ahi uu yahay dhacdada iyo xogta aan soo gudbinayo ee aanay ahayn cidda laga soo werinayo. Sidoo kale, waxaan ka warramayaa inta badan waa qisooyin dhacay oo intooda badan la wada qirsan yahay inay yihiin wax bulshada dhexdeeda caan ka ah oo ka dhex dhaca. Sidaas oo ay tahay, meelo badan ayaan xusay cidda aan arrinkaa ka soo tebiyey.

Buuggan oo ah, sida aan soo xusay, mid gaaban waxaan ugu talo-galay inuu noqdo mid baraarujiya, waxna u ifiya bulshada Soomaaliyeed ee ku nool Galbeedka. Iyadoo aanay cidina ka reebbanayn akhriskiisa, ayaan haddana waxaan si gaar ah ugu talo-galay inay ka faa'iidaystaan dadka Galbeedka ku nool oo aan xog sidaa ah ka hayn deegaanka ay ku nool yihiin. Sidoo kale, in dadweynaha Soomaaliyeed ee waddankii ku nool ay ogaadaan nolosha iyo xaalka dhabta ah ee eheladoodii iyo dadkoodii Galbeedka u qaxay ay ku sugan yihiin. Ku sii daroo, inuu dhiirriggeliyo dadka arrinkan iiga faro-dhuudhuuban, iigana aqoonta badan oo uu ku boorriyo inay aqoontooda dadka uga faa'iideeyaan.

Waxaa mudan inaan baraarujiyo in qormadani ay la

hadlayso oo ay farriin u gudbinayso ummadda Soomaaliyeed. Sidaa darteed, halbeegga aragtida buuggu xanbaarsan tahay waxaa gundhig u ah Diinta Islaamka iyo dhaqanka iyo caadada toosan ee Soomaalida. Kuma dhisna aragtida Galbeedka iyo midda bulshooyinka aan muslimka ahayn. Waxaa laga yaabaa in buuggu ka horyimaado, khaladna u muujiyo arrimaha qaar, laakiin arrimahaasi ay Galbeedka ka yihiin kuwo sax loo haysto, qofkii ka hor-yimaadaana uu agtooda dambiile ka yahay. Marka, waa inaan loo fahmin dhaqan iyo aragti la weerarayo ee loo arko labo mabda' ama aragtiyood oo wax badan isku diiddan, lama huraanna ay tahay in bulshada loo iftiimiyo.

Waxaan jeclahay inaan u mahadceliyo dhammaan asxaabtii igala qayb qaatay soo bixitaanka qormadan. Waxaan si gaar ah ugu mahadcelinayaa C/risaaq Sh. Cali oo khaladsixidda igala qayb qaatay. Sidoo kale, Cali Yuusuf oo sameeyey muuqaalka kore ee buugga (design).

Gogolxaar

Waxaan shaki ku jirin in dadku, yar iyo weynba, ay u baahan yihiin tarbiyad wanaagsan, laakiin xilliga loogu baahi badan yahay ay tahay waqtiga carruurnimada.

Baahidaa dheeraadka ah darteed, Islaamku wuxuu siiyey barbaarinta carruurta ahmiyad dheeraad ah. Nabigu (s c w) wuxuu ku yiri xadiis macnihiisu yahay: Ma jiro ilmo dhasha oo aan ku dhalan Fidro (diin toosan), laakiin labadiisa waalid ayaa ka dhiga nasraani, yuhuudi ama dab-caabude(majuusi)[1]. Xadiiskani wuxuu ina tusinayaa in barbaarinta ilmuhu ay ku xiran tahay hadba sida ay u dooraan labada waalid oo uu qaadanayo dhaqanka iyo diinta ay haystaan cidda barbaarinaysa.

Tarbiyadda carruurtu waxay bilaabantaa inta aanu ilmuhu dhalan. Waxay ka bilaabantaa in ilmaha loo dooro inay hooyo u noqoto gabar wanaagsan, sidaa darteed ayuu Nabigu (s c w) nagu boorriyey in waxa aan gabar ku dooranayno ay ugu horrayso diintu.[2] Sidoo kale, waxaanu ilmuhu ka maarmin oo uu u baahan yahay in iyana loo dooro deris wanaagsan, dugsi wanaagsan, deegaan wanaagsan iyo bulsho wanaagsan.

Haddii uu ilmuhu waayo mid ka mid ah waxyaalaha aan kor ku xusnay waxay barbaarintiisu noqonaysaa mid kala

---

(1) *Irwaa'ul Ghalil*, 4/49.
(2) *Saxiixul Targhiib Watahriib*, 2/193

dhimman. Haddii ilmuhu helo aabbe iyo hooyo wanaagsan, wuxuu helay lafdhabartii tarbiyaddiisa.

Waxyaalaha kale ee kaabayaasha ah ee aanu ilmuhu ka maarmin, sida aan soo sheegnayba, waxaa ka mid ah bulsho wanaagsan. Soomaalidu waxay ku maahmahdaa: Deriskaagu diintiisa ayuu kuu yeelaa. Derisku waa halka ay ka bilaabanto xiriirka bulshadu. Waxaa jirta xikmad oranaysa: Haddii aad doonaysid ilmahaagu inuu hagaago, saaxiibkiis hagaaji. Taa macneheedu waxay noqonaysaa, ilmahaaga deji meel uu ka helayo saaxiib wanaagsan, amaba deris wanaagsan. Ilmuhu wuxuu ku daydaa hadba midka aynigiisa ahi waxa uu samaynayo. Maahmaah ayaa oranaysa: shinbirba shinbirkiisa ayuu la duulaa. Arrinkaasu wuxuu ina tusinayaa in ilmaha tarbiyaddiisu, waalidka ka sokow, ay ku xiran tahay bulshada uu ku dhex nool yahay. Markaa su'aashu waxay noqonaysaa sidee ayey noqonaysaa tarbiyadda ilmo ku dhex koray bulsho aan muslim ahayn?

Khatarta Ku Koridda Dhulka Gaalada

Wax badan ayey culimadu ka hadashay khatarta iyo dhibaatada ku sugan ku noolaanta dhulka gaalada. Doodi kama taagna in ilmaha ku dhex kora bulsho leh dhaqan iyo diin ka duwan midda bulshada uu u dhashay ay haysataa uu la kulmayo dhibaatooyin iyo caqabado badan oo intooda badan aanu ka dabbaalan karin. Ilmaha muslimka ah ee dhulalka Galbeedka ku kora waxaa, runtii, mustaqbalkiisa ku jira shaki weyn oo aan baaxaddiisa la suurayn karin. Dhibaatooyinkaasi waxay waxyeello u geysan karaan diinta, dhaqanka, akhlaaqda iyo afka ama luqadda ilmaha. Aabbe ka mid ah kuwa carruurta ku koriya Galbeedka ayaa laga soo xigtey inuu yiri, "Inaan dhulalkan joogno waxay la mid tahay sida nin doon yar badda dhexdeeda saaran. Iskama ilaalin karno qoyaan iyadoo ay dhan walba nooga soo dhacayaan hirar iyo mawjado xoog badan".

Dhibaatooyinka Xagga Diinta

Mar haddii uu ilmihii ku dhex nool yahay bulsho aan muslim ahayn rajada laga qabo ee xagga diinta ah caad ayaa saaran. Arrintaa waxaa aad u dareemi kara dadka la shaqeeya hay'adaha u xil-saaran arimaha carruurta, macallimiinta iskuullada iyo kuwa dugsiyada Quraanka ee dhulalkan Galbeedka wax ka dhiga. Inta badan ilmuhu waxay fursad heli karaan oo ay dugsi aadi karaan maalmaha waddammadan fasaxa laga yahay ee Sabtida iyo Axadda, inta kale waxay aadaan iskuulka. Cidda macallinka iskuulka ugu ah waan ka dheregsannahay inaanay diin u sheegin ee ayba u badan tahay inay u sheegaan wixii looga bixi lahaa. Qorshaha iskuullada waddammadan u dhigani waa in la helo arday diin ka dharla' oo mabda'ooda iyo dhaqankoodu iswaafaqsan yihiin.

Walaal ka mid ah kuwa waddammadan Galbeedka jooga ayaa iiga warramay arintan: "Macallin ayaa dhawr qof oo ardadiisa ka mid ah fasalka dhexdiisa meel wada fariisiyey. Ardaydu waxay ka kala yimaadeen waddammo kala diin ah. Mid walba wuxuu weydiiyey cidda abuurtay ee uu caabudo. Mid walbaa wuxuu aaminsanaa ayuu sheegay. Markii midba uu meel ku dhuftay ayuu macallinkii, intuu ardaydii kale ku soo jeestey, yiri, "Bal eega! Wax la isku waafaqsan yahay oo diin ah ma jirto, marka qof walboow ha isku mashquulinnin diin iyo wax la mid ah." Ilmihii sidaa uu ku yiraahdo macallinkii uu ka qaadanayey aqoonta sidee xaalkiisu noqonayaa?

Ilmihii la arko inuu is ilaalinayo, ama ka hor imaanaya qorshohooda waxaa la saaraa culays dhan walba ah si loogu qasbo inuu qaato waxa loogu yeerayo. Waxaa lagu sheekaystaa wiil yar oo ay dhaleen labo waalid oo aad ugu dedaaley sidii ay daadkan soo rogmadey inankooda uga samato-bixin lahaayeen. Macallimiintii wiilka ayaa ka dhaadhicin kari waayey waxyaalihii ay doonayeen. Ilmihii wuxuu ku dhex jiraa labo macallim oo uu midba midka kale beeninayo. Iskuulka wixii looga soo sheego guriga ayaa lagu beeniyaa oo la yiraahdaa, "Hooyo ama aabbe waxaasi waa xaaraan," wixii guriga looga sheegona iskuulka ayaa lagu beeniyaa. Markii ay macallimiintii arkeen in wiilkan yari uu meel adag ku tiirsan yahay, ayey bilaabeen inay cillado kale u raadiyaan oo ay ku bah-dilaan, sida: Luqadda kuma fiicna, waxba ma fahmo, iwm. Ilmihii wuxuu u dulqaadan waayey inuu ku dhex noolaado labo macallim oo ay yar tahay inay iswaafaqaan. Wuxuu ku qasbanaaday inuu labada dhan mid u go'o. Wuxuu doortay inuu macallimiintiisii aqbalo. Haddii uu sidaa yahay kii ay dhaleen waalid xoogga saaraya sidii ay ilmohooda u bedbaadin lahaayeen, sidee noqonayaa mid ay dhaleen kuwa aan xilba iska saarin.

Waxaa cibro-qaadasho noogu filan qiso aan ka dhageystey Sh. Maxammed Umal, kuna sheegay muxaadaro uu jeediyey. Wuxuu ka warramay wiil yar oo waalidkii dhalay ay ku dareen reer ay qaraabo ahaayeen oo qaxootinnimo ku tegey Austaralia. Muddo markii ay wada noolaayeen ayaa wiilkii iyo reerkii isqabteen, kaddibna wuxuu u dacwoodey hay'ad kuwa carruurta qaabilsan ah, wuxuuna u sheegay inaanay reerkani dhalin.

Hay'addii wiilkii yaraa waa kaxaysteen, waxayna geeyeen meel kaniisad ah. Wiilkii yaraa wuxuu hadda kaniisaddii ka yahay kuwa dadka diinta kiristanka ugu yeera.

Ugaarsiga gaarka ah ee ilmaha lagu hayo waxaa dheer siyaasadda guud ee ku wajahan dadyowga muslimiinta ah, gaar ahaan kuwa ku dhex nool waddammada aan muslimka ahayn. Waxaa dadka muslimiinta ah loo dejiyey qorshe dheer iyo sidii looga dhigi lahaa dad aan diin u nasab sheegan. Xataa qaarkood waxay muslimiinta u quuri waayeen inay diinta kiristanka soo galaan. Nin ka mid ah baadirayada ugu waaweyn ee kiristanka ayaa mar uu la hadlayey qolada diinta kiristanka faafiya waxaa laga sheegay inuu yiri, "Ma rabno in dadka muslimiinta ah aad diintooda ka soo bixisaan, kaddibna aad diinteenna soo gelisaan, waayo taasi qaddarin iyo faan ayey u tahay, laakiin waxaan rabnaa inaad diintooda ka bixisaan oo aad ka dhigtaan kuwa aan diin lahayn."

Waqtigii burburka ugu weyni Soomaalida ku dhacay ee ay usoo qaxeen dhulalkan galbeedka, waxaa iyana, sidoo kale, la qabey burburkaa waddammo badan oo muslimiin ah. Markii la arkay dadkii muslimka ahaa oo ku soo qulqulaya dhulalka Galbeedka ayaa taleefishin ku yaal waddan ka mid ah waddammadan Yurub wuxuu sii daayey dood ku saabsan sidii dadka loo gaarsiin lahaa diinta kiristanka. Raggii dooddaa ku jirey baaderi ka mid ahaa ayaa wuxuu yiri, "Waxaan filayaa hadda inaan loo baahnayn in dawladdu dhaqaale badan ay ku bixiso dibadda, waayo dadkii aan halkaa u aadi lahayn, gaar ahaan waddammada soo koraya, iyagoo soconaya ayey inoo yimaadeen".

Ololaha Kiristaamaynta Soomaalida

Waxaan jeclaan lahaa qoraal gaaban oo aan ka soo xigtey qoraal dheer oo uu qoray nin Norway u dhashay, lana yiraahdo Eilef J. Gard oo uu uga hadlayo xaaladda kiristaamaynta Soomaalida inaan soo qaato. Qoraalkaas wuxuu qoraagu ku qoray luqadda Noorwiijiga, wuxuuna soo geliyey bog ka mid ah kuwa Af-noorwiijiga ku soo baxa.[1]

Qoraalka oo aan si guud ahaana u soo turjumey wuxuu leeyahay: "Sida dadka kale, Soomaalida waxaa laga helaa koox kiristaan ah. Qiyaastii waa ilaa Kun ku dhowaad. Qaar waxay kiristaanka qaateen waqtigii gumaysigii Ingiriiska iyo Talyaaniga. Tusaale ahaan; xaaska madaxweynihii hore ee Somaliland waa kiristaan. Waxay hadda gacanta ku haysaa isbitaal ku yaal Hargeysa. Menonittene waxay ka waddey hawl kiristaamayn ah Koonfurta Somaaliya kontomeeyadii iyo lixdameeyadii, laakiin waxay waddanka ka baxday markii Siyaad Barre uu waddanka afgembiga ku qabsaday. Sidoo kale, waxaa iyana ka baxay SIM. Ururro kale ayaa waxay ka dhismeen Somaliland iyo agagaarka Muqdisho sagaashameeyadii, tusaale ahaan; IAS. Kenya iyo Itoobiya waxaa ka jira dhawr urur iyo kaniisado oo hawl ka wada Soomaalida dhexdeeda iyo qaar ku jira diyaargarow. Intii ay hawsha ku jireen ururradaasi waxaa diinta kiristaanka qaatay dhawr Soomaali ah. Dhanka Waqooyi-Bari Kenya dhowr urur ayaa wada shaqayn leh, waxaana ka mid ah; Scripture Mision iyo Pinsevenner, waxayna hawshaa kiristaamaynta ka wadaan Soomaalida dhexdeeda.

---

(1) Eilef J. Gard. (22.04.2004).

Tarankii Qurbaha Tagey

Gudaha Norway waxaa jooga xoogaa Soomaali kiristaan ah oo gaaraya ilaa toban. Qaar ka mid ah ururrada kiristaanka ayaa waxay shaqo ka wadaan Soomaalida Norway joogta, waxaana ka mid ah KIA (Kristent Interkulturelt Arbeid). Waxay wadaan mashruucyo ay ka mid yihiin in ardayda laga caawiyo casharrada, iyo caawinta ururrada haweenka. KIA waxa kale oo ay xaafadda Grorud ee Oslo ka waddey muddo dhawr sano ah mashruuc, waxayna xoogga saaraysey arrimaha qoysaska. Waxaa intaa dheer oo ay Soomaalida dhexdeeda ku leedahay shaqsiyaad saaxiibbo ah iyo kuwa ay la xiriirto."

Qoraalkani wuxuu si buuxda inoogu muujinayaa waxayaabaha wadankeennii ka socda ee kiristaamaynta ah iyo sida aan u moognahay. Waxa kale oo aan ka arkaynaa sida ay baylahda u yihiin kuwa u soo qaxay waddammada Galbeedka. Waxaa halkaa ka baxaya hadalkii ahaa, Soomaalidu boqolkiiba boqol waa muslim. Waxaa intaa dheer midda iyana lagu hayo guud ahaan dadyowga muslimka ah, meel kasta oo ay joogaanba.

Run ahaantii, dhibka jiraa ma ahan mid laga fakan karo. Waa waran ku taagan qof walba, dad badanina ay doonayaan inay ismoogeysiiyaan oo ay ka meermeeraan. Waxaa la arkay dad badan oo markii daadku gurigiisa ku yimid ku calaacalaya, "Haddii ay shalay maanta ahaan lahayd sidani iguma dhacdeen!" Qofkaan dhibka dadka kale ku cimra-qaadani isagaa lagu cimra-qaataa. Waa sidaasoo, waxaa jira kuwo ka indha-qarsada dhibaatada carruurtooda haysata. Nin ayaa wuxuu iiga warramay gabar soomaaliyeed oo iskuul ka ahayd macallimad. Waxay carruurta Soomaalida ah ka caawin jirtey wixii ku adkaada iyo Af-soomaaliga. Carruurta iskuulka dhigata waxaa ka mid ahaa

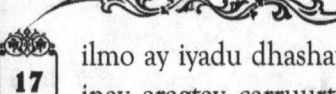

ilmo ay iyadu dhashay. Waxay u sheegtay ninkaa ii warramay inay aragtay carruurteedii oo qaadaysa heesaha kaniisadaha laga qaado. Waxaan ku iri ayuu ninkii yiri, "Oo sidee raalli ugu noqotay arrintaa?" Waxay isku difaacdey oo ay ku cudurdaaratay, "Oo maxaan ka qaban karaa?"

Macallimiin badan oo Soomaali ah, ahna kuwa carruurta luqadda Soomaaliga iyo casharrada ka caawiya ayaa waxay shaqadoodii uga tageen markii ay arkeen waxa ka jira iskuullada. Mid ayaa igu yiri: "Waxaad ku qasban tahay inaad indhaha ka qarsatid wax badan oo aad arkayso in ilmaha lagu fasahaadinayo". Waaliddiin badan ayaa dhex-meeraysta waddamada Galbeedka oo midba mar iska dhiiba, ama u guura. Waxay intaa raadinayaan, haddii malaha loo hagaajiyo, amaba laga reebo kuwa dhaqaala-doonka ah, meel ay carruurtu ugu samata-bixi karto. Waxaa la isugu sheekeeyaa, "Waddan hebel ayaa diinta ku fiican oo aan carruurta ula cararayaa." Bal aan eegno gabadhan inta ka qaxday Norway geysey carruurtii Ingiriiska. Waxay is tiri waxaad ka bedbaadi doontaa maaddooyinkii lagu barayey carruurta diinta kiristanka ee Norway qasabka ahayd. Illeyn waaba warmooge, waa kud ka guur oo qanje u guur! Waxay ka warheshay in iskuulka carruurtu u dhigato lagu qaato maaddooyinkii ay ka soo qaxday. Kaba sii darane, ardaydu fasalba geli maayaan inay qaadaan heesaha diinta mooyaane. Iyadoo aan dheg la qabto lahayn ayey u tagtay maamulkii iskuulka oo ku tiri, "Diintan aad carruurta u dhigaysaan waa wixii aan uga soo cararay halkii aan deggenaa!". Wax kale intii ay sugaysey ayaa loogu jawaabey, "Waddankani waa kiristan, diintanina waa caadadayadii, waxaan asxaan kuugu sameynayaa inaan carruurta ka reebno inay kaniisadda ku soo tukadaan iyo inaan la siin hilibka doofaarka!"

Dhibaatooyinka Xagga Akhlaaqda

Waxaan iyana ka dhicin dhibaatooyinkaa xagga diinta ah ee uu ilmuhu la kulmo kuwa ku yimaada ilmaha akhlaaqdiisa iyo dhaqankiisa. Horay ayaan u soo tibaaxnay in dariskaagu diintiisa kuu yeelo, waa sidaasoo lagu sii daray deris duullaan ku ah dhaqankaaga iyo diintaada sidii ay u baabi'in lahaayeen. Nabiga (s.c.w.) isagoo tusaaleynaya in qofku la dhaqan iyo diin noqonayo qofka uu la rafiiqo, ayuu ku yiri xadiis macnihiisu yahay, "Qofku wuxuu raacayaa diinta saaxiibkii ee qofku ha ka fiirsado cidda uu la saaxiibayo."[1]

Xadiiskaasu wuxuu dhab inoogu muujinayaa sida aanu qofku marna uga fakan karin dhaqanka iyo caadada bulshada uu ku dhex nool yahay. Waxa kale oo Nabigu (s.c.w.) xadiis kale oo uu tusaale fiicani noogu sugan yahay noogu sheegay in qofka wanaagsan oo lala darso ama fadhi-wadaag lala noqdaa uu la mid yahay sidii qof iibiya catar ama barfuum.[2] Qofkaa saddex arrimood mid uun baad ka heleysaa oo marna kuma hungoobaysid. Waa marka horee, waxaa laga yaabaa inaad, inta ka iibsato aad udgoonkaa naftaada ugu raaxaysid. Ama maahee, inuuba kuu hibeeyo ayaa la arkaa. Haddii aad labadaa midna ka weydo, waxaad ka heleysaa caraf wanaagsan markii uu ku ag-marayo, ama aad ugu gasho goobta uu ku iibinayo. Saddexda jeerba maadan khasaarin oo faa'iido ayaad ka heshay, haba kala weynaatee. Qofka xun oo lala derso wuxuu Nabigu (s.c.w.) isna noogu tusaaleeyey inuu la mid

---

(1) *Mishkaatul masaabiih*, 3/87.
(2) *Mishkaatul masaabiih*, 3/54.

yahay qof ag-fadhiya nin bir-tume ah oo mar walba buufinaya dabkii uu birta ku tumi lahaa. Marna ag-fadhigiisa faa'iido kama helaysid, waayo dhimbilaha ka duulaya birtiisa ayaa maryaha kaa gubaya, ama urka xun iyo qiiqa ka baxaya birta uu tumayo ayaa sanka kaa gelaya. Haddaba, sow labadii jeerba maadan khasaarin?

Waxaan la soo koobi karin inta ku dhex milantay dhaqanka iyo akhlaaqda dhulalkan loogu yimid, iyagooba qaarkood moodayaan inayba tahay in dhaqankaa la qaato. Maxaa laga fili karaa ilmihii yaraa haddii waalidka midkood, amaba kuwa kale oo ay isha ku hayaan ay badweyntaa ku dhex dhacaan. Nin dhalinyaro ah oo ka shaqeeya xannaano ku taal waddammadan Galbeedka waddan ka mid ah, ayaa iiga qiseeyey arrin xannaanadaa ka dhacday. Wuxuu yiri, "Anigoo shaqadii ku jira ayaa waxaa ii timid haweeney macallimad xannaanada ka ahayd, waxayna iga codsatay inaan raaco si aan ula hadlo wiil yar oo soomaali ah oo ilaa lix jir ah, laguna kari waayey inuu fariisto. Waan raacay, waxaanan galay fasalkii oo uu wiilkii yaraa dhex-liqdaaran yahay, carada ka muuqatana aad la fajacayso. Waxaan ku iri intaan u dhawaadey, 'adeer maxaa kugu dhacay oo aad u fariisan weydey?' Af-soomaali jajaban ayuu igu yiri, iyadoo indhihiisa ilmo ku taagan tahay, 'Ma fariisanayo! Wiilkan ayaa booskaygii iga fadhiya, aniga ayaa kursigan leh, gabadhanina waa saaxiibtay!' Yaab ayaa Alle ii keenay markaan wiilkii dhegeystey, iyadoon kalmadi iga soo bixin ayaa gabadhii uu tilmaamay inta fadhigii ka booddey tiri, 'Waa run oo waa saaxiibkay, isagaana kursigan fadhiyey!'".

Waa dhab oo waa dhaqan ka jira iskuullada waddammadan.

Ilmaha marka la geeyo xannaanada ayaa waxaa lagu bilaabaa in loo yeelo tii dheddig ahna lab saaxiib la ah, kii lab ahna dheddig loo yeelo. Waxaan xog-ogaal u ahaa wiil yar oo la geeyey xannaano. Wiilkii isla markiiba waxaa lammaane looga dhigay gabar yar oo da'diisa ah. Waa ilmo ku soo barbaaray guri musline, isla markiiba waa ka boodey, wuxuuna gurigii ku soo noqday isagoo anfariirsan. Wuxuu waalidkii uga warramay wixii saaka dhacay. Intay ku farxeen ayey yiraahdeen, "Waa sax! fariid! diid haddii ay sidaa ku yiraahdaan." Ilmihii yaraa waxaa lagu kari waayey in gabar saaxiib looga dhigo, ama uu dharka isaga bixiyo carruurta dhexdooda. Waxa kale oo uu waalidkii u sheegay inuu jiro wiil yar oo Soomaali ah oo uu leeyahay waa doqon, gabdhahana maalintii oo dhan ku dhex jira, garbahana iska haysta, carruurta dhexdoodana dharka isaga bixiya. Tolow intee ayey arrintaasi socotey? Muddo kama soo wareegin markii aan maqlay waalidkii oo wiilkii yaraa ka cabanaya. Waxay Soomaalidu ku maahmaahdaa: Dad kaa badan iyo biyo kaa badaniba waa ku qaadaan".

Intaa kaddib, ilmihii waxay u sii gudbayaan iskuulkii, waxaana sii xoogaysanaya isku dhawaanshaha isaga iyo bulshadii uu ku dhex noolaa. Sidoo kale, waxaa sii yaraanaya xiriirkii isaga iyo waalidka. Waxaa lagu shubayaa maskaxdiisa wixii la rabey, waxaana la barayaa wixii la doono.

Dhibaatada Xagga Afka

Dhibaatada haysata ilmaha ku kora waddamada aan muslimka ahayni waa mid sal ballaaran oo ka timaadda dhinacyo badan oo kala duwan. Waxaan soo xusnay dhibaatooyinka soo gaara xagga diinta iyo akhlaaqda. Waxaa iyana jirta mid ku timaadda xagga luqadda ilmaha. Marka ilmuhu yar yahay uma kala baxsana, mana kala dooran karo waxa wanaagsan iyo waxa xun, laakiin waxa uu raacaa hadba jidka labada waalid u dooraan sida Nabigu (s.c.w) uu noogu sheegay xadiis macnihiisu yahay in ilmuhu ku xiran yihiin waxa labada waalid u dooraan. Waxa kale oo ilmuhu ku daydaan ilmaha kale ee la ayniga ah, gaar ahaan marka ay gaaraan xilliga waxbarashada la geeyo.

Luqadda ilmuhu wax ku barto ayuu mar walba kaga fiicnaanayaa midda guriga looga hadlo, haddii uu waayo cid ka caawisa luqadda guriga looga hadlo. Labadaa luqadood waxay isu dheeli-tirmi karaan marka waalidku siiyo ahmiyad dheeraad ah luqadda guriga.

Luqadda uu ilmuhu u dhashay oo uu si wanaagsan u yaqaan waxay wax weyn ka tartaa waxbarashadiisa. Tusaale haddii aan u soo qaadanno ilmaha Soomaaliga ah ee jooga meel aan Af-soomaaliga looga hadlin haddii uu luqadda Soomaaliga si fiican u yaqaan, wuxuu waxbarashada kaga wanaagsanaanayaa midka aan luqadda si fiican u garaneyn. Taas waxaa ka markhtaati furay waddammadan Galbeedka oo jecel, kuna taliyey inay ilmuhu luuqaddooda bartaan.

Dadka aqoonta u leh luqadaha waxay ku taliyaan in ilmaha ku kora meel aan looga hadlin afkiisa hooyo ay fiican tahay in marka hore si wanaagsan loo baro luqaddiisa, waayo luqadda looga hadlo meesha uu joogaa waa qasab inuu baranayo. Waxaa taa loo leeyahay inay arrintaasi dhawr faa'iido u tarayso cunuggii.

Tarankii Qurbaha Tagey

Midda hore, waxay u fududaynaysaa arintaasi, soona dedejisaa barashada luqadda dhulka uu joogo. Tan xigta, wuxuu helayaa wax uu kaga qiyaas qaato oo uu barbardhigo luqadda uu baranayo. Teeda kale, wuxuu noqonayaa ilmo si wanaagsan u fahma luqadda guriga looga hadlo iyo midda suuqa looga hadlo. Waxaa intaas oo dhan u sii dheer, faa'iido weynna u ah inay ilmaha u fududeynayso waxbarashada, guud ahaan.

Ilmihii iyo waalidkii oo wada socda markii ay tagaan meel aanay u dhalan, waxaa fududaanaysa in ilmuhu si fudud u dhex-galo bulshadii uu u yimid, luqaddoodiina uu barto, halka laga yaabo in waalidka, gaar ahaan kuwa aan hore wax u soo baran, ay ku adkaato inuu luqaddii barto. Inta uu ilmuhu luqaddaa si wanaagsan usii bartoba wuxuu sii hilmaamayaa afkiisii hooyo.

Arrintani waa midda keentay in lagu sheekaysto inay jiraan waalid iyo carruurtoodii oo loo kala turjumayo.

Nin shiikh ah ayaa wuxuu noo sheegay inay mar u yeereen maamul hayey xannaano carruur. Waxay ka dalbeen inuu keeno ilmo yar oo uu dhalay oo gaarey xilligii ilmaha xannaanada la geyn jirey. Dood dheer kaddib, waxaan u sheegay ayuu yiri in ilmaha ay u wanaagsan tahay inuu luqaddiisa hooyo marka hore si fiican u fahmo, markaa kaddibna la geeyo xannaanada. Maamulkii xannaanadu arintaa waa la dheceen, waxayna qireen in arrintaas baahideeda ay ka dareemaan carruurta ajnabiga ah.[1]

---

(1) Qofka aan arrintaa ka helay wuxuu ii sheegay in shiikhaasi ahaa Sh. Mustafe X. Ismaaciil.

Tijaabo uu ku sameeyey carruur Soomaali ah shiikh kale ayaa wuxuu ku sheegay in luqadda wax lagu qoro, ama luqad-xafiiseedka, ee aan ahayn midda suuqa, ay ku horreeyaan fahamkeeda carruurta luqadda Soomaaliga ku wanaagsan. Arrintaasi waa midda keentay in waddammo badani sameeyaan macallimiin gaar u ah carruurta ajnabiga ah oo ka caawiya afkooda hooyo. Kama wadaan inay ilmaha u daneynayaan oo ay isleeyihiin ilmuhu luqaddooda ha bartaan, laakiin waxay ogaadeen in ilmihii luqaddiisa hooyo si wanaagsan u yaqaan ay u fududaanayso barashada luqadaha kale.

Waalid badan ayaanay arrintaasi xisaabta ugu jirin. Waxay xoogga saaraan sidii uu ilmuhu u baran lahaa luqadda waddanka uu joogo. Taasi iyaga dedaal ugama baahna, waayo waddan kasta waxaa u degsan qorshe uu ugu talo-galay sidii uu luqaddiisa u hormarin lahaa. Waxa iyaga saarani waa sidii ay ugu dedaali lahaayeen inaanay ilmuhu lumin afkooda hooyo.

Waxyaalaha lagu ilaalin karo inaanay ilmuhu lumin afkooda waxaa ka mid ah, In lagula hadlo inta ay guriga joogaan, lagana saxo wixii khalad ah ee ay ku dhawaaqaan. Waxaa habboon in ilmaha loo sameeyo xilli gaar ah oo loo sheekeeyo, kaddibna iyaga lagu imtixaano sheekadii inay ku soo celiyaan. Ilmuhu isku mid maahan, mid ayaa ku fiican fahanka, qaar ayaa hadalka ku fiican, qaar ayaa dhiirran. Waxaa habboon ilmo walba halka uu ka liito in xoogga la saaro.

Macallimiinta dugsiyada ka dhiga waddammada Soomaalidu u qaxeen, gaar ahaan Galbeedka, waxay qireen in dhib ka haysto isfahanka iyaga iyo carruurta, gaar ahaan macallimiinta aan luqadda waddankaa si fiican u aqoon. Qaarkood ayaa waxay damcaan inay macallinka su'aal weydiiyaan, laakiin waxaa ku adkaata sidii ay Af-soomaali ugu weydiin lahaayeen. Qaar badan ayaan ku dhiirran karin inay Soomaali ku hadlaan, iyagoo ka cabsi qaba inay inta jajabiyaan, kaddibna ay ku qoslaan carruurta kale. Halkaas waxaa curuurta ku seega cilmi badan oo diineed oo ay baran lahaayeen, midkaas oo gaashaan uga noqon lahaa dhibaatooyinka ku yimaada akhlaaqda iyo diinta ee aan kor ku soo xusnay. Sidaas awgeed, waxaa wanaagsan in macallimiinta iyo waalidku arrintaa ka wada shaqeeyaan, carruurtana ay ku dhiirriggeliyaan, kana dhaadhiciyaan inay luqaddooda ku wada hadlaan inta ay wada joogaan. Waxa kale oo habboon inaan ilmaha lagu canaanan, ama aan lagu ceebayn haddii uu wax khaldo ee si wanaagsan oo xikmadi ku jirto looga saxo.

Marka laga reebo faa'iidooyinka aan soo xusnay, waxa kale oo jira faa'iidooyin kale oo ilmuhu ka helayo inuu luqaddiisa hooyo barto. Tusaale ahaan, waxaa u suurtogaleysa inuu ilmuhu barto dhaqanka iyo caadooyinka bulshadiisa, waayo luqaddu waa waxa laysku fahmo. Loogama fadhiyo ilmo aan luqaddii garanayn inuu dhaqanka bulshadiisa xambaaro. Wuxuu qaadanayaa dhaqanka luqadda uu fahmayo. Afkiisa hooyo oo ilmuhu yaqaanno waxay u kordhinaysaa kalsooni iyo inuu ilmuhu noqdo mid isku filan. Shaki kuma jiro in ilmaha aan aqoon afkiisa hooyo laga dareemayo nusqaan iyo dabacsanaan. Waxay ilmaha u fududeynaysaa inuu cabbiro waxa uu ku fekerayo oo uu si wanaagsan u qeexo rabitaankiisa. Waxaa laga yaabaa inuu wax badan oo ilmuhu aad u jeclaan lahaa uu sheegan kari waayo isagoo ay ugu wacan tahay baqdin uu ka qabo inuu wax khaldo.

Marar badan ayaa la maqlaa iyadoo carruurta lagu eedaynayo inaanay tixgelin iyo qiimayn siin dadka waaweyn. Kuwo badan jidka haddii ay kaaga hor yimaadaan, iyagoon wax dareen ah ku siinayn ayey ku weydaaranayaan. Haddii aad qaarkood salaanto, intuu kaa qaado ayuu saanta boobsiinayaa, haddiiba uu kuu istaagona isagoo hoganaya oo didsan ayuu jawaabo gaaggaaban kuu soo celinayaa. Dad arrintaa u fiirsaday, aniga laftigayguna aanan ku diidin, waxay sheegeen inay keenayso baqdin ay ka qabaan luqadda ku hadalkeeda. Sidaa darteed, dadkii ayey ka cararayaan, illeyn waa qof aan kalsooni qabine. Waddanka ay joogaan dadka u dhashay ee ay isyaqaannaan kama didayaan oo waa la sheekaysanayaan.

Nin ayaa arrintaa u markhaati furay. Wiil kuray ah oo ay qaraabo ahaayeen ayey, magaalo Ingiriiska ku taal, jidka ku kulmeen. Wiilkii ayuu joojiyey oo cabbaar la sheekaystay. Wiilkii furfurnaan ayuu ka waayey, cabsi iyo didmona wuu ku arkay. Xoogaa markii uu la sheekaysanayey ayuu Ingiriis kula hadlay. Wiilkii yaraa ee hoganayey intuu farxay oo kala badbatay ayuu Ingiriis ku yiri, "Maxaad mar hore Ingiriis iigula hadli weydey!" Ninkii wuxuu sheegay inay sheekadii si fiican isugu baxday, waxaanan soo xusuustay ayuu yiri, sidii aan ahaa waagii aan yaraa ee aan Soomaaliya joogey ee aan dadka waaweyn ula sheekaysan jirey.

Si kastaba ha ahaatee, waxa ugu horeeya ee bulsho dhaqan guuriya waxaa ka mid ah marka luqaddoodu lunto, lana siin waayo ahmiyad iyo ilaalin. Arintaasi waxay cirib xumo ku noqotaa bulshadaas, waxayna fududaysaa in taariikhdeedu lunto, dhaqankeeduna burburo.

Dhan kasta oo laga eegoba waxay dhallinteennii ku sugan yihiin xaalad laga murugoodo, cid u maqan oo lagu hallaynayaana ma jirto. Waa ceelna uma qodna, cidina uma maqna. Sow markaa noqon mayso kii joogow inta goori goor tahay kala carar carruurtaada, kii u soo hanqal-taagayowna candhuuftaada dib u liq.

Wax kasta oo la sheegoba dadku waxay u badan yihiin kuwo indho-ku-garaadlayaal ah oo aan dheg u dhigin, talo iyo tusaaleba, wixii la siiyo. Kuma waano qaataan wixii ay kala kulmeen dadkii ka horreeyey ee maray jidka ay hayaan. Waxaad mooddaa in arrinkoodu yahay; i tus oo i taabsii, caqligaasuna dad badan ayuu ku reebay uur-kutaallo aan ka go'in iyo calaacal joogto ah. Waalid badan waxay isku dayeen markii ay waddammadan Galbeedka yimaadeen sidii ay uga bedbaadi lahaayeen iyaga iyo ubadkoodu badweyntaa ay ku soo dhex dheceen. Waxay dedaalaanba, ugu dambayn waxay gaaraan inay tabar-dhigaan oo ay iska fariistaan, kaddibna isha uun ka fiirsadaan waxa gudaha reerkooda iyo hareerahooda ka socda. Wuxuu arrinkaasu la mid yahay sida ninkii badmaaxa ahaa ee dabaasha xariifka ku ahaa ee doonidii uu saarnaa hirar kacsani dabo-geddiyeen. Wuxuu isku dayey, isagoo xirfaddiisii dabaal-yahannimo adeegsanaya, inuu isbedbaadiyo oo uu isa samato-bixiyo. Halka uu bedbaadada ka jirinayaa waa halka mawjadaha iyo hirarku ka soo dhacayaan. Cabbaar wuxuu istiiloba, marka uu daalo wuxuu dan moodaa inuu hirka iyo halka biyuhu u socdaan is-raaciyo, meeshii ay doonaanba ha kala dheceene.

Gogolxaar

Wax badan ayaa la arkay waalidiin la talinaaya qolo cusub oo doonaysa inay qoysaskooda u dacwoodaan oo dhulalkan keenaan. Goobaha lagu sheekaysto waxaa caan ka ah oo lagu halqabsadaa maahmaahda oranaysa: Dab ninkii ku gubta ayaa laga waraystaa. Waa maahmaah dardaar-werin ah oo loogu duur-xulo, waxna loogu sheego qofkii laga dhadhamiyo inuu arrinkaa maagan yahay. Labo nin oo dhalliyaro ah, isku meelna joogey, isku midna ahaa oo aan reero waddankaa u joogin ayaa dhawr jeer isku soo qaaday waxa nin waliba damacsan yahay. Mid ka mid ahi wuxuu sheegay, reer uu keeno iska daaye inuu isagu raacdaynayo sidii uu u bedbaadi lahaa. Saaxiibkii halkaa waa ku kala duwanaayeen oo waxaa ka go'nayd inuu reerka keeno, isagoo marmarsiinyo ka dhiganaya in xaasku buko oo ay isbitaal iyo waxyaabo kale u baahan tahay. Ninkii reerkii keen, muddo kaddibna saaxiibkiis u yimid. Tolow muxuu u wadaa? Ma wuxuu uga sheekayn doonaa sida uu u baraaray, mise waa qaylo-dhaan! Waa sidii uu filayey, loogana bartay rag badan oo marka hore loo maaro-waayo, talooyinka loo soo jeediyana aan dheg u dhigin. Wuxuu saaxiibki uga warramay waxa xaalkiisu ku dambeeyey, wuxuuna kula taliyey, isagoo u muujinaya inuu ka gar lahaa sidan: "Ninyahow, Soomaalidu waxay ku maahmaahdaa: Dab ninkii ku gubta ayaa laga waraystaa. Annagaa ku dhacnay bad aannan dabaasheeda aqoon ee ku adkayso go'aankii aad qaadatay oo ha ka labo-labayn, ilmo aad dhashay oo aad rajo ka qabtona dhulkan ha keenin.

Labo kale oo iyaguna arrintaa ku kala duwanaa waxaa xaalkoodu ku dambeeyey in kii aan reerka keeninna uu reerkiisii iyo carruurtiisii u safro, kii keenayna uu subaxdaa faylal ay waraaqo dacwo ahi ka buuxaan uu ula kallaho nin qareen ah oo uu ka rabo hiillo iyo sidii uu ula soo dhicin lahaa gabar yar oo uu dhalay oo inta maalin cad ka dhaqaaqday gacanta u gashay hay'ad ka mid ah kuwa carruurta ugaarsada.

Inkastoo qof walbaa waxa haya ay la culus yihiin, haddana waxaa ayaandarro ah in qofku aanu wax isu miisaami karin. Diinteennu waxay ina faraysaa in labo dhib kiisa fudud la qaato, arrintaasina waa midda caqliga wanaagsani ogolaan karo. Waxyaalaha la soo werinayaa qaarkood maahan kuwo dhegeysigooda loo dulqaadan karo. Haddii aad wax yar u dhabbogashid arrimaha bulshada muslimiinta ah ee ku nool Galbeedka, waxaad dhab u dareemaysaa sida ummaddani u tabaalaysan tahay iyo hagardaamada lagu hayo. Tiro ma leh inta ilmahoodii laga qaatay iyadoo aanay jirin wax gabbaad ah oo loo haysto.

Nin taksiile ah ayaa waxa laga soo xigtey inuu sheegay laba ilmood oo Soomaaliyeed, Af-soomaaligiina ku sii daboyar yahay. muuqaalka uun ayey Soomaali ka ahaayeen. Subax walba isagaa loogu yeeraa si uu u qaado. Labadaa ilmood waalidkii dhalay lama joogaan oo waxaa korsada dad aan dhalin. Tolow dadkaasi waa kuwama? Ilmahaa waxaa haysta oo korsada qolo dhulalkan Galbeedka reer looga yaqaan, xagga islaamkase dil ka ah. Oo waa kuwee, talow? Waa qolada lagu ibtileeyey falkii

Qawmu-Luud. Innaa Lillaahi wa innaa ilayhi raajicuun!! Illeyn naxdin looma dhinto.

Masiibada iyo halaagga dhulkan meel walba ceegaagaa waa kuwo caadyaal ah oo aan cidna ka qarsoonayn. Waxaa taa kasii daran in kooxdii arrintaa isugu sheekaynaysey aanayba dan iyo heello ka gelin oo halkii looga dhaqaaqay, arrintaasina aanay dareenkooda waxba ka beddelin. Arrintu uma muuqan mid ka duwan sheekooyinka caadiga ah ee looga sheekaysto goobaha lagu caweeyo, layslamana gaarin in la isweydiiyo sidii xaalkaa gurracan wax looga qaban lahaa. Dhacdadaasi waxay i xusuusisay maahmaahdii carbeed ee macneheedu ahaa: Taabashada badani waxay lumisaa dareenka. Waa dariskaagu diintiisuu kuu yeelaaye, waxaa muuqda oo inoo sawirmaya inta ay le'eg tahay saamaynta ay nagu yeelatay ku dhex noolaanta bulsho aan muslim ahayn.

Sababaha Keena

In Ilmuhu Qalloocdo

Mushkiladda in ilmuhu qalloocdaan, ama weecdaan waa dhibka ugu daran ee bulsho soo foodsaara, ayna tahay in la sameeyo isku day kasta oo looga hortegi karo. Arrintaasi waxay bulshada u keentaa burbur iyo dib-u-dhac ay adag tahay sida looga soo kabtaa. Waxaa bulsho akhlaaqdeeda iyo horumarkeeda laga dheehan karaa sida hadba dhallinteedu u dhaqanto. In bulsho da'yarteedu qalloocato waa halka baaba'a iyo halaaggu ka bilaammaan.

Waxaa jira asbaabo badan oo keena in ilmuhu qalloocdo, culimada Islaamkuna aad ayey uga hadleen, dadkana ugu baraarujiyeen. Waxa iyana, sidoo kale, ka hadlay aqoon-yahanno kale oo arrimahaa ku xeeldheer, runtiina, waxaa laga qoray buugaag faro badan oo qofkii akhriyaa uga kaaftoomi karo dhawr sadar oo meel lagu qoray. Waxaan isku dayayaa haddii ALLAAH idmo inaan dhawr qodob ka soo qaato sababaha keena in ilmuhu sidii la rabey uu u hagaagi waayo, gaar ahaan kuwa ku kora waddammada aan muslimka ahayn, Galbeedkuba ha ugu horreeyee.

Deegaan Iyo Saaxiibbo Xun

Deegaanka uu ilmuhu ku koro iyo saaxiibbada uu ku yeeshaa waxay saamayn weyn ku leeyihiin hab-dhaqanka ilmaha. Shinbirba shimbirkiisuu la duulaaye, waxay dhallinyaradu kala qaataan dhaqanka, qof walbana wuxuu saaxiibkii uga ekaadaa dabeecado badan. Sidaa darteed ayaa Nabigu (s.c.w) nagu boorriyey in qofku ka fiirsado qofka uu la saaxiibayo. Wuxuu Nabigu (s.c.w.) ku yiri xadiis macnihiisu yahay, "Qofku wuxuu raacayaa diinta saaxiibki ee qof walbaa ha ka fiirsado cidduu la saaxiibayo".[1] Xadiiskani wuxuu la hadlayaa dhammaan bulshada ee ma kala laha qof yar iyo mid weyn toona. Wuxuu xadiisku inoo iftiiminayaa sida ay muhiimka u tahay in laga fiirsado qofka lala saaxiibayo. Waxaa, sidoo kale, iyana muhiim ah inaad ka fekertid cidda ilmahaagu la saaxiibayo. Ilmuhu isa saamaynta iyo wax kala qaadashada waxay uga daran yihiin oo ay uga dhow yihiin sida dadka waaweyni isku saameeyo, ama isugu daydaan.

Nin Shiikh ah ayaa wuxuu ka warramay qiso, runtii, ku habboon inaan halkan ku xusno. Waxaa jirey nin u dhashay Talyaani oo Soomaaliya yimid waqtiyadii dawladdu jirtey. Waxaa weheliyey reerkiisii, wuxuuna guri ka kiraystey xaafad ka mid ah xaafadihii Xamar. Hal wiil ayuu carruur ka lahaa. Wiilkii wuxuu u baahday ilmo ay isku da' yihiin oo uu la ciyaaro, ciyaartuna waa wax ilmuhu u baahan yahay oo lagama maarmaan u ah. Carruurtii deriska la ahayd inuu la ciyaaro ayuu bilaabay, waalidka wiilka dhalayna arrintaa baas

---

(1) *Mishkaatul masaabiih,* 3/87.

uma arkayn, saa waxay ogaayeen inay muhiim tahay in wiilkoodu helo carruur uu la ciyaaro. Haddii kubbad la ciyaarayo, haddii la sheekaysanayo iyo haddii kaleba waxaa rafiiq u ah carruurta xaafadda ay wada deggenaayeen.

Carruur laga waayi maayo hebel waa sidaa iyo hebel baa yiriye, waxay wiilkii yaraa ku bilaabeen inay ku ceebeeyaan inuu doofaarka hilibkiisa cuno. Wiilkii yaraa arrinkii ayaa la cuslaaday, waana la noqon weydey inuu ka aamuso, ilaa uu ka adkaysan kari waayey oo inta waalidkii u tago ku yiraahdo, "Ha la joojiyo hilibka doofaarka oo yaan xaafadda laga cunin!" Waa waalid iyo beerjileeciisee, waa laga yeelay, xaafaddiina waxaa laga joojiyey in laga cuno hilibka doofaarka.

Arrinkii intaa kuma ekaane, wiilkii yaraa wuxuu bilaabay inuu carruurtii kale u raaco dugsigii Quraanka oo iskala fariisto. Muddo kaddib, wuxuu isna codsaday in Quraanka loo bilaabo, illeyn asaagiisba waa dhiganayaane. Quraankii ayaa loo bilaabay, ilaa wiilkii yaraa uuba Quraankii uga fiicnaaday qaar badan oo carruurtii ka mid ah. Inta waxaasi dhacayaan labadii waalid kama warhayaan oo wiilkoodu ciyaar ayuu ugu maqan yahay. Muddo yar kaddib, wiilkii yaraa islaamkii ayuu qaatay. Waalidkii waa khabarmoog, laakiin goor arrini faraha ka baxday ayey soo hanbaabireen. Goortii arrinkii uu u xaqiiqoobey ayey goosteen inay wiilkii yaraa la cararaan oo ay waddankoodii ula noqdaan. Waa goorteed? Waa goor xeero iyo fandhaal kala dheceen. Gabankii yaraa diid illeyn waa wiil muslim ahe!

Wiilkaas yari isagu hoodo iyo ayaan ayuu leeyahay, Allena wuxuu u gartay inuu diintii xaqa ahayd uu qaato, waxaanse uga jeedaa sida banii'aadamku isku saameeyo. Arrinkan maxaa uga ekaan badan waalid badan oo siday warmoog u yihiin loo keeno ilmohoodii oo gaalo raacay. Markaa kaddib ayaad maqli, "Carruurtii ayaan rabaa inaan la cararo oo aan waddan muslim ah geeyo." Waxaa laga yaabaa in ilmihii ay diidaan, ama markaaba aanay faro ugu jirin. Waxaa la ii sheegay hooyo Soomaaliyeed oo habeenno badan gabar yar oo ay dhashay ka dibbooddey oo aanay soo hoyan. Waxay gabadha yari ugu sheekaysaa hooyadeed, markii la weydiiyaba, in iyada iyo heblo ay cashar wada akhrisanayeen, kaddibna goor dambe markii ay noqotay ay iskala seexatay iyo hadallo sidaas oo kale ah. Habeen ayaa duqdii gabadhii loogu baytiyey oo loogu sheegay meel xafladi ka jirtey. Halhaleel inta u lebbisatey ayey goobtii abbaartay. Markii ay iridka ka gashayba, waxaaba saaladii ciyaarta saaran gabadheedii oo qofkii arkaa uu isweydiinayo, "Tolow dhar miyey qabtaa mise way qaawan tahay!" Markii ay isha ku dhufatay oo ay hubsatay inay inanteedii tahay ayey baroor aflabadi yeertay. Maxay baroori qaban?

Deegaanku waa dhagar miiran, wuxuuna qofka si tartiib-tartiib ah u geliyaa dhaqanka iyo caadada bulshada deegaankaa deggan. Waxaa jirta murti carbeed oo malaha la dhinac dhigi karo maahmaahdii soomaaliyeed ee ahayd dariskaagu diintiisuu kuu yeelaa, oo macnaheeda marka la soo dhaweeyo noqonaysa: Qofka waxaa barbaariya deegaanka ama bay'ada uu ku nool yahay. Wuxuu qofku isceliyoba, waxaa la hubaa in bay'addu mar uun legdi doonto.

Nin oday ah ayaa wuxuu iiga warramay qiso ka dhacday tuulo yar oo uu deggenaa. Waa tuulo ku taal waddan ka mid ah waddamadan Yurub. Wuxuu iiga sheekeeyey jeer tuulada loogu keenay gabar soomaaliyeed oo xijaaban. Gabadhii waxay isqabteen haweeney waayeel ah oo joogtey xafiis laga maamulo dadka soo galootiga ah. Maalin ayey habartii iyo ninkii odayga ahaa kulmeen, sheekadiina waxaa soo galay arrinkii gabadha. Sidii wax kale looga sugayey ayey duqdii la soo booddey hadal uu ka muuqdo is-hubidi, iyadoo miiska garaacaysa. Waxay tiri, "Bay'adda iyo deegaanka ayaa u run sheegi doona, waxaanan ku tusayaa iyadoo sida gabdhahayaga sarwaal jiinis ah wadata oo tuurtay xijaabka." Ninkii odayga ahaa wuxuu ii xaqiijiyey inaanay ka soo wareegin lix bilood markii uu arkay gabadhii oo bilowday inay xijaabka fududayso. Muddo kaddib, waxaaba rumoobay hadalkii haweeneydu tiri oo wuxuu ninkii shaahid u ahaa gabadhii oo lebbis kale oo aan sarwaal ahayn aan ku hambaaseyn.

Inta badan, waa wax lagu yaqaan dadka laga tiro badan yahay, ama ka midab duwan dadka meeshaa u badan inay isu ekaysiiyaan dadka ay la nool yihiin, haddii ay noqon lahayd hab-dhaqanka, lebbiska, socodka iwm. Waxay intaa raadinayaan inaanay dadka ka soocmin, si taa loo helana waa in la qaataa wax kasta oo dhaqan ah oo bulshadaasi leedahay. Taasi waa midda keenta in la arko dad badan oo wanaag lagu tuhunsanaa oo marba marka ka dambaysa sii xuubsiibta. Intee la arkay kuwo badan oo Qur'aanka xafidsanaa, kaddibna suuqyada dalambaabinaya?

Ruuxa oo yimaada deegaan ku cusub wuxuu kala kulmaa ciriiri iyo jahwareer, waana waxa ku dhacay bulshooyin badan oo soo bara-kacay. Haddii ay taa u dheer tahay inay kala diin, ama dhaqan yihiin iyaga iyo kuwa ay u soo hayaameen, isweydiin ma leh mashaqada mahadhada ah ee ka dhalan karta. Qolada arrintaa ugu nuguli waa jiilka soo koraya, waana iyaga cidda la doonayo in laga fekero deegaanka ay ku korayaan iyo cidda ay wadeyga ama rafiiqa la noqonayaan. Sidaa darteed, ayaa mar walba qofka muslimka ah waxaa looga digaa inuu dhexdego dad aan muslimiin ahayn. Nabigu (s.c.w) wuxuu yiri xadiis macnihiisu yahay: "Beri ayaan ka ahay qofkii dega gaalada dhexdeeda. Yaanay is arkin dabkoodu."[1] Macanaha, "yaanay is arkin dabkoodu", waxaa laga wadaa, iska daa inay is dhexdegaane, yaanay isku muuqan.

Iskaba daa kuwa aan muslimka ahayne, axaadiis badan waxaa ku soo arooray inaan la soo dhaweysan qof faasiq ah. Waxaa jirta murti oranaysa: Qofkaad rabto inaad ogaato dhaqankiisa iyo akhlaaqdiisa, fiiri cidda uu la socdo ee uu saaxiibka la yahay. Haddii uu rafiiq la yahay dad wanaagsan, waxaad ku qiyaasi kartaa inuu qof wanaagsan yahay, haddiise uu la socdo kuwo shar miiran ah, waxaad fahmi kartaa inuu iyaga la mid yahay. Marna isma qaadan karaan, isku meelna ma geli karaan xumaan iyo wanaag.

Waa wax qofka ku abuuran inuu raadiyo, ama baadigoobo qof ay isku fikrad yihiin, ama dookhoodu isqaadan karo. Iyadoo isku-mid-ahaanshaha dabeecaddu ay ka mid tahay waxyaalaha dadku isku aanaysto, ayaa, hadana, waxay sii xoogaysataa markii caadada iyo diintuna ay iswaafaqaan.

Saaxiibkaa wuxuu ku gaarsiin karaa, ama kugu keeni karaa arrin aad naftaada qaaliga ah ku waayi karto. Bal aan

---

(1) *Mukhtasar Irwaa'ul Ghaliil*, 1/235

fiirinno qisadan uu ka sheekaynayo qofkii ay ku dhacday. Wiil dhallinyaro ah ayaa wuxuu ka sheekeeyey qisadan ku dhacday oo halis gelisay naftiisa, dhawr asxaabtiisii ka mid ahaydna ku naf waayeen. Waxay ahaayeen dhallinyaro da'da labaatanaadka ku jira. Wuxuu yiri, "Mid ka mid ah saaxiibbaday ayaa wuxuu iga dalbaday inaan safar dalxiis ah u raaco. Dhawr dhallinyaro ah annagoo ah ayaan gaari qaadannay. Aniga iyo labo ka mid ah waxaan fadhiney kursiga dambe. Intaan dariiqa ku jirney ayaa mid naga mid ahi wuxuu la soo baxay baakad. Ishaan la sii raacay, saa waxaaba ku jira xashiishad. Xabbaddii koowaad ayuu shiday, kaddibna wuxuu bilaabay inuu dhallinyaradii midba mar u dhiibo.

Wax la isku soo dhiidhiiboba, waxaa la soo gaarey mooggaygii. Waa wax igu cusube, waan ka yara meermeeray. Wax la i qalqaaliyoba, xashiishaddii afkayga ayaa lagu hubsaday. Waan jiidey, saa cirkii iyo dhulkii ayaa ila wareegey. Darawalku gaariga wuxuu ku wadaa xawli aad u sarreeya, sidii annagoo hawada dhex marayna oo aan gaariguba cagaha dhulka ku hayn, illeyn waa nin sarqaansane. Anigoo wareersan oo isku dhex yaacsan, madaxuna ii saaran yahay garabka saaxiibkaygii i dhinac fadhiyey, ayaa waxaa dhacday dhacdo murugo leh. Gaarigii yaraa wuxuu nala hoos galay gaari weyn oo nooca tareellaha loo yaqaan ah. Intii hore fadhiday iyo darawalkii lalama soo rogin, saddexdayadii dambena mid ayey wax yar kaddib naftii ka baxday. Aniga iyo mid kale oo ay naftii nagu sii dabo yar tahay ayaa, annagoo jajaban, nalaga soo gaarey."

Wiilkii dhallinyarada ahaa isagoo argagaxsan, ilmona indhihiisa ka qubanayso ayuu inta gacmaha kor u taagey, isagoo toobad-keen ah yiri, "Allihii i bedbaadiyoow adigaa mahad leh, waxaanan ballanqaadayaa inaan towbad-keeno oo aan toosnaado ilaa geeridu iiga timaaddo." Haddii ALLAAH idmo qaybaha dambe ayaan ku xusi doonnaa dhibka mukhaadaraadku ku hayo dhallinyarada.

Gaboodfalka Iyo Ka Gaabinta Waalidka

Gaabinta waalidku ay ka gaabiyaan, ama ku gaboodfalaan tarbiyadda carruurta waxay ka imaan kartaa dhinacyo badan oo kala duwan. Waxay ka iman kartaa waalidka oo aan ka warqabin carruurta, tarbiyo xumo xagga waalidka ah, waalidka oo ka jaahil ah tarbiyadda carruurtu u baahan tahay, waalidka qaar oo ku xadgudba carruurta iwm. Ibnu Qayim wuxuu yiri, "Intee ayey ilmohoodu aakhiro iyo adduunba xumaadeen iyadoo ay sabab u tahay waalidka oo dayaca, si fiicanna aan u edbin, kuna caawiya inay hawadooda raacaan. Wuxuu sheeganayaa inuu karaamaynayo wuuna dulleynayaa, inuu u naxariisanayo wuuna dulminayaa. Waxaa dhaafaysa inuu ku intifaaco ilmihiisa, isagana aakhiro iyo adduunba waa dhaafinayaa. Haddii aad u fiirsato qallooca ilmaha, waxaad arkaysaa inta badan inay dhanka waalidka ka timaaddo."[1]

Ka Warqab-La'aanta Carruurta

Waalidka oo aan ka warqabin carruurta, ama ka mashquula waxay ilmaha ku keentaa inay tarbiyaddoodu xumaato. Aabbayaal iyo hooyooyin badan ayaan war ka hayn waxa carruurtoodu ku sugan yihiin. Waxyaalaha ugu badan oo ay ku mashquulaan waa shaqada, haddii ay ahaan lahayd

---

(1) *Tuxfatul mawduud bi'axkaamil mawluud*, 1/242.

dukaan, ama shirkad uu u shaqeeya, amaba shaqo kale. Waxaa la arkaa inuu subaxdii hore kallaho, kaddibna isaga oo daallan uu yimaado oo marka uu wax cuno uu xoogaa istuuro, galabtiina uu magaalada u carraabo si uu saxiibbadi ula soo casariyeeyo, ulana soo caweeyo. Fiidkii kolkuu yimaado waxaa laga yaabaa inuu qolkiisa jiifka hore ugu sii gudbo. Qaar, waxaa la arkaa, inuu inta yare dhegeysto kala cabashada carruurta, kaddibna uu sariirtiisa isduudduubo.

Waxaa, sidoo kale, jira aabbayaal badan oo markii ay yeeshaan dhawr reer ku mashquula hadba bahda yar oo iska illaawa bahdii weynayd. Waxaa laga yaabaa in maalmo badan aanu war u hayn waxa reerkiisii weynaa ku sugan yahay. Carruurtii waxay la mid noqonayaan sidii iyagoon aabbeba lahayn oo aan xisaabtaba ugu jirin. Waxaa kale oo dhici karta in aabbihiiba aanu lahayn karti iyo dadnimo uu ku ilaaliyo carruurtiisa oo uu yahayba aabbe iska tabar-daran, waxbana aan carruurta u sheegi karin. Haddii aabbuhu sidaa yahay waxaa la arkaa in carruurta aanayba il ka faashan oo hortiisa waxay doonaan ku sameeyaan. Taa lidkeeda waxaa suurtowda inuu kartidii leeyahay, laakiin aanu dan iyo heelloba ka lahayn xaalka carruurtiisu ku sugan yihiin.

Waxaa laga yaabaa in waalid badan looga warramo oo loo sheego in ilmihiisii ay la socdaan kuwa ciyaala-suuq ah, ama daroogiistayaal ah, iyo xaalad laga filayo in aabbihii wanaagsani uu ka qiiroodo oo ka naxo. Waxaa la arkay kuwo aanay dareenkooda waxba ka beddelin, qaarkoodna lagaba yaabo inay daalac u raacdaan ciddii u war-keentay.

Waalid badan ayaa ka warhela carruurtoodii oo suuqa ku

hallaabay, markaa ayey marada tuuraan oo hadba meel ku dhacaan. Maalin Jimce ah, iyadoo markaa khaddiibkii khudbadii u istaagey ayaa waxaa masjidkii soo galay kuray yar oo qaylinaya oo nin weyni toorrey la dabo-ordayo. Dadkii oo fadhiya ayey isla dhex-jiireen, ilaa wiilkii yaraa isku duubay mu'adinkii, isagoo ku qaylinaya, "Adeerow iga qabo... Adeerow iga qabo.." Odaygii oo carada haysa gariiraya ayaa dhawr nin isku duubtay oo inta qabatay fariisisey. Markii salaaddii la tukadey ayaa dadkii iswaraystay. Dad xog ogaal ahaa waxay sheegeen in odaygu ahaa wiilka aabbihi. Waxaa naloogu warbixiyey in wiilku sidii uu u wanaagsanaa laga warhelay inuu daroogada isticmaalo. Waxaa la caddeeyey in wiilku muddooyinkii dambeba uu sidaa ahaa ee aan laga warqabin, laakiin dhibka jirey uu ahaa inaanu helin aabbe ka warhaya. Markii aabihii ka warhelayna, wuxuu xal moodey inuu inta toorrey qaato uu suuqa baacsado.

Dawrka qoysku ku leeyahay barbaarinta carruurta waa mid aad muhiim u ah, cidda ugu horraysa ee ay faa'iidada u noqonaysona waa labada Waalid. Sidaa ayuu Nabigu ﷺ (s.c.w) wuxuu ku yiri xadiis macnihiisu yahay: "Qofku haddii uu dhinto camalkiisu waa joogsadaa illaa saddex mooyaane."[1]

Waxaa ka mid ah saddexdaa, ilmo wanaagsan oo u soo duceeya waalidka markii uu dhinto. Faa'iidadaa aadka u ballaaran waxaa heli kara uun waalidkii intii uu noolaa ku dedaaley barbaarinta carruurtiisa.

Waalidku wuxuu mirahaa wanaagsan guran karaa, aakhiro

---

(1) *Irwaa'ul Ghalil*, 6/28.

iyo adduunba, isagoo isku dhabar-jebiya sidii uu u hagaajin lahaa awlaaddiisa. Xiriirka waalidka iyo ilmaha ka dhexeeyaa markii uu xoogaystoba, waxaa sii xoogaysanaya gacan-kuhaynta tarbiyadda carruurta. Waxaa kordhaya jacaylka iyo kalsoonida ay labada dhinac isu qabaan. Xiriirka ka dhexeeya waa inaanu noqon oo kaliya xiriir caadi ah, sida in waalidku wax amro, ilmuhuna ajiibo, ama wax u dirsado, ilmuhuna u dhego-nuglaado. Cilaaqaadka ka dhexeeya waalidka iyo carruurtu waa inuu noqdaa mid rasmi ah. Inuu la kaftamo, la sheekaysto, u sir warramo, isku dayo inuu ogaado waxyaabaha uu ku fekerayo ama xiisaynayo.

Waxaa jira carruur badan oo dad wanaagsani dhaleen oo haddana inxiraafa, ama qalloocda. Inta badan waxaa sababa iyadoo cilaaqaadka iyaga iyo waalidka ka dhexeeyaa aanu ahayn mid rasmi ah, kaddibna ay baahidaa ka maqan duurka ka raadsadaan. Waxaa laga yaabaa markaa inay gacanta u galaan asxaab xunxun, farahana ka ridaan ama ka bixiyaan waalidkii oo aan ka warhayn.

Shiikh Salmaan Cawda, oo ka mid ah culumada waaweyn ee Sucuudiga, ayaa muxaadaro uu jeedinayey wuxuu ku sheegay buug ay qoreen labo waalid oo Maraykan ah. Labadaa waalid waxay lahaayeen shan carruur ah. Waxay ku bixiyeen maal faro badan sidii ay ilmohoodu ugu noolaan lahaayeen nolol raaxo leh. Waxay guriga u soo dhigeen wax kasta oo carruuri u baahan tahay;haddii ay noqon lahayd waxay ku ciyaaraan, fiirsadaan, qaataan. Gawaarida waa isku bedbeddelaan. Waxay ka fekereen uun sidii muuqaalkoodu u noqon lahaa mid qurxoon, jirkooduna uu u caafimaad qabi lahaa. Kumaanay darsan talada in, haddii xoog iyo muuqaal wax tarayo ay maroodiga iyo libaaxu noqon lahaayeen kuwo la janto.

Koolkoolintii waxay ilmihii ku keentay inay faraha ka baxaan, waalidkiina waxay ku noqotay jug aanay ka soo waaqsan karin. Labadii waalid waxay qoreen buug ay ugu magac dareen: Bedbaadinta dhallinta soo koraysa. Waxay u qoreen buugga si ay waano iyo wax-u-sheeg ugu noqoto waalidiinta kale ee awooddooda isugu geeya caloosha iyo jirka carruurta. Qoraalkooda waxaa ka mid ahaa oo uu Shiikhu soo xigtay, "Carruurta oo laga haqabtiro wax kasta oo ay u baahan yihiin oo xoogga la saaro in waxay dalbadaanba loo keeno, waxay ka mid tahay waxyaabaha ugu badan ee ilmaha lumiya. Dhanka maalka oo ilmaha laga tiiriyo kuma filna, mana dabooli karto baahida ilmaha maskax ahaan, jir ahaan iyo nafsi ahaanba. Waxa ugu muhiimsan ee ilmuhu ugu baahi badan yihiin maahan dhanka maalka ee waa dhanka waqtiga."

Waa in ilmaha la siiyo waqti badan oo lagu dhiso maskaxdooda. Haddii aan sidaa la yeelin oo aan la buuxin waqtiga firaaqada ilmuhu yahay, waxay helayaan cid u buuxisa. Iyagoon raadsan oo aan waqti uga bixin ayaa macallin loo carbiyey luminta carruurta dariiqyada u istaagayaa, kaddibna waxay ka helayaan duruus haqab la'aan ah.

Aabbayaal badan ayaa waxay ilmohooda ku kulmaan inta badan miiska qadada. Toban ilaa shan iy toban daqiiqo oo qof walba qaaddada iyo saxanka ku mashquulsan yahay ayey is arkaan. Waxaa laga yaabaa inay dariiqa, ama barxadda guriga kolkuu sii baxayo, ama soo gelayo uu ku sii maro. Waqtiga intiisa kale wuxuu isaga tegayaa iyaga iyo waxa deegaanku amro, ama hawadoodu tusto. Hadhow markii uu ka warhelo carruurtiisii oo xumaan ku dhex-jirta ayuu gabgableynayaa.

Iyadoo ay lagama maarmaan tahay in ilmihii laga warhayo oo la ogaado cidda ay la socdaan, waxa ay qabtaan, la isku dayo in qalbigooda iyo maskaxdooda la hanto, ayaa hadana, dhanka kale waxaa muhiim ah in kalsooni la siiyo oo aanay u arkin in la cadaadinayo oo la waardiyeynayo. Way fiican tahay in la tuso inay isku filnaan karaan oo ay wax qabsan karaan, loona muujiyo inaan la yareysaneyn ama aan la quursaneyn. Sidaas oo ay tahay, kalsooni-wada-siinta iyo inaad ilmihii iska aaminto looma baahna adigoo is leh qalbigiisa ilaali, gaar ahaan dhallinta soo koraysa. Runtii, waxaa jira ilmo isaga abuuran akhlaaq wanaagsan oo laga yaabo in waalidku kalsoonidiisa oo dhan uu siiyo. Ilmahaa laftigooda waa inay jirtaa, ugu yaraan, duljoogto aad ku hayso iyo la socosho aanay dareensanayn.

Culumadu waxay sheegaan inay habboon tahay in ilmaha la tijaabiyo oo hawlaha qaar loo xilsaaro, si uu mas'uuliyad u dareemo. Isku day inuu kula wadaago hawlaha qaar, arrimaha qaarkoodna kala shawr oo talo-geli. Qasab maahan inaad taladiisa qaadato, laakiin tus inaad ku kalsoon tahay, sidaa ayaa ku fiican inuu maskaxdiisa ka shaqaysiiyo oo uu fekero. Waxaad kala tashanaysaa waa inay noqdaan wax maskaxdiisu qaadi karto. Haddii aanay waalidka iyo cidda ilmaha gacanta ku haysaa aanay ku mashquulin ilmaha waxyaabaha wanaagsan, wuxuu ku mashquulayaa waxyaabo kale, waayo qofku shay wuxuu uga tagaa waa shay kale.

Waxyaabaha ilmaha iyo waalidka isku soo dhaweeya waxaa ka mid noqon kara, iyadoo ilmaha lagu ammaano haddii lagu arko isagoo camal wanaagsan ku dhex jira, amaba qabtay. Haddii uu la socdo asxaab wanaagsan ugu tahniyadee, kuna dhiirriggeli inuu rafiiq ka dhigto carruurta wanaagsan. Dhib kuma jiro haddii aad u magac-dhawdo ilmo aad ku tuhunsan tahay akhlaaq fiican, adigoo u tirinaya waxyaabaha uu ku wanaagsan yahay ilmahaasi, si uu ugu daydo. Waxyaabaha ilmaha wanaagga u soo jiidi kara waxaa ka mid ah inaad ku dhex ammaanto saaxiibbadi dhexdooda, taas oo u keeni karta dhiirriggelin iyo inuu ku sii dhex jiro asxaabtaa wanaagsan.

Nin shiikh ah ayaa wuxuu muxaadaro ku sheegay arrin uu sameeyey aabbe wanaagsan. Wiil uu aad u jeclaa ayuu wuxuu ku arkay maalin isagoo la fadhiya dhallinyaro uu wanaag ku tuhunsanaa. Wuxuu ku fekerey sidii uu wiilkiisu ugu sii dhex jiri lahaa barbaartaa wanaagsan. Wuxuu goostay inuu inta u tago salaamo, kuna ammaano wanaagooda, kaddibna uu wiilkiisii ku yiraahdo, "Ka warran aabbe haddii aan saaxiibbadaa maalin casuunno?" Sidii ayuu yeelay. Wiilkii yaraa oo malaysan la' ayaa, isagoo yaabban la soo boodey, "Aabbe waa arrin fiican!" Inta odaygii ka dhaqaaqay ayuu ku yiri, "Adiga iyo saaxiibbadaa ka tashada maalintii aan ka dhigi lahayn."

Maalin ayuu qado wanaagsan u sameeyey. Halkii ayaa wiilkii iyo saaxiibbadi ku wada-qadeeyeen. Markii la cunteeyey ayuu inta u soo galay xoogaa la fariistay, una sheekeeyey. Kaddib, intuu isaga kacay ayuu ku yiri, "Iska sheekaysta, adeerrayaal, inta casarka laga gaarayo." Wuxuu rabey inay iska sheekaystaan illeyn jiil walba isagaa isa sheeko yaqaane. Maalintii xigtey ayuu wiilkiisii xoogaa hadiyad ah ugu dhiibey mid dhallinyarada ka mid ahaa oo uu isha geliyey, una arkayey inuu yahay midka wiilasha ugu akhyaarsan. Arrintaasi waxay waafaqsan tahay xadiiskii Nabiga(s.c.w) ee macnihiisu ahaa,

Tarankii Qurbaha Tagey

"Wax isku hadiyeeya waad is jeclaanaysaane."[1] Wuxuu rabey inuu jacayl ka dhex abuuro inankiisa iyo wiilkaa kale. Maxaa ka wanaag badan caqliga iyo xikmadda uu aabbahaasi isticmaalay! Sidoo kale, iyana uga dig kuwa akhlaaqdoodu xun tahay, adigoo u tirinaaya xumaantooda iyo dhibka ku iman kara ciddii saaxiib ka dhigata qof xun.

Soomaalidaba ha u badnaadeene, waxaa jira aabbayaal badan oo aan hayn shaqo mashquulisa, laakiin har iyo habeen dul fadhiya kabarrada qaadka iyo goobaha wararka beenta ah lagu kala waarido. Maalintaas oo dhan wuxuu ka mid yahay kuwa suuqyada iska wareega ee shaqada ka dhigtay kutiri-kuteenta. Inay reer ka warqabaan haba joogtee, naftoodii ayey gabeen.

Waxaa jira qolooyin isu qaba inay carruurtooda war u hayaan, xogse kama hayaane laf cad ayey toobin ku hayaan. Dhawr aabbe oo ka mid ah aabbayaasha Soomaaliyeed ee reeraha ku dhaqa waddammada Galbeedka ayaa goob makhaayad ah ku kulmay. Sheekadii ayaa la gashay waxyaabaha iskuullada ka dhaca. Nin aabbayaashii ka mid ahaa ayaa yiri, "Carruurta waxaa la geeyaa kaniisadaha, laakiin wiilkayga waa lagu kari waayey oo wuu ka dhaartay inuu kaniisadda galo." Kuray yar oo aabbihii ka mid ahaa qoladii sheekada wax ka jiibinaysey oo dul taagnaa, sheekadana maqlayey, weliba ay isku iskuul ahaayeen wiilkaa laga warramayo ayaa, intii sheekadu socotay, qosol afka isku dari waayey. Mar wuu baxaa, kolna waa soo noqdaa oo sheekada dhegta u dhigaa. Goortii la kala tegey ayaa aabbihii

---

(1) Al-adabul Mufrad, 1/208.

weydiiyey wuxuu ilaa maanta la qoslaayey. Wiilkii yaraa wuxuu yiri, "Aabbe,hebel (wiilka magiciisii intuu sheegay) isku iskuul ayaan nahay, mar kasta oo kaniisadda la aado isagaaba ugu horreeya, aabbihina wuxuu leeyahay waa diidaa wiilkaygu. Waa oday miskiin ah oo aan waxba ka warqabin!"

Garaaca Badan Wuxuu Ilmaha Ku Keenaa Inuu Qalloocdo.

Waalidka oo ilmaha aad u garaaca waxay ilmaha ku keentaa nuqsaan dhan walba ah. Waxaa la arkay ilmo badan oo xumaan ugu dhacay cabsi ay waalidka ka qabaan darteed. Haddii ilmuhu ku fekero markii aad khalad gashoba waa lagu garaacayaa, wuxuu isku deyayaa sidii uu garaacaa uga bedbaadi lahaa. Waxaa ka dhalan kara inuu, ama wax qariyo ,ama been ka sheego wixii uu falay. Waxaa la arkay carruur badan oo laysku dayey in garaac uun lagu tarbiyeeyo, laakiin qallooc uun ka sii qaaday amaba baxsaday, kaddibna farahalaga-qaad noqday. Waxaa laga yaabaa inuu, inta garaaca caadaysto uu ka sii qaado canaad iyo madax adayg.

Garaaca oo kaliyihi xal ma noqdo, waxaase la arkaa in mararka qaarkood uu maslaxad keeni karo, sida ka sugnaatay Caa'isha  mar la weydiiyey edbinta ilmaha agoonka ah, waxayna ku jawaabtey, "Waan xanjafiyaa illaa uu dhulka isku tuuro."[1]

Waxa kale oo ayidaya in mararka qaarkood edbintu bannaan tahay xadiiskii Nabiga (scw) ee macnihiisu ahaa: "Ilmaha salaadda bara markay toddobo sano gaaraan, markay

---

(1) Al-adabul Mufrad, 1/62.

toban gaaraanna ku garaaca."⁽¹⁾ Xadiiskan waxaa laga qaadanayaa inaan sideedaba edbinta la diidaneyn, balse la doonayo in waxa ilmaha lagu garaacayaa uu noqdo wax la ogyahay inay maslaxad u tahay, laakiin aanay noqon in markasta dhangadda lala dul taagnaado.

Sidoo kale, waxaa jira macallimiin badan oo miciinsada inay ilmaha garaacaan oo u qaba ilmahaan la dilini inaanu waxba baran karin. Ilmo badan ayaa faraha uga baxa ka carar ay ka cararayaan dilka macallimiinta dugsiyada. Ilmo badan ayaa markii ay weynaadaan lagu arkaa raadkii nabarro uu ku dhuftay macallinkiisii Quraanka. Macallimiinta qaar ayaa ku andacooda in diinta dhib loo soo maray, sidaa darteed aan dhib iyo garaac waxaan ahayn lagu baran karin. Arrinkaasi wuxuu khilaafsan yahay naxariistii Islaamku ina faray. Taa lidkeed ,waxaa waddammadan galbeedka ka reebban in ilmaha la garaaco ,taas oo ilmaha ku keeni karta qooq iyo inay macallinka ama waalidka u soo joogsan waayaan.

Arrinku si kastaba ha ahaadee,waxaa loo baahan yahay inaan tarbiyadda carruurta lagu gabood falin, sidoo kalena aan la dayicin.

Arintu waxay ku fiican tahay in waalidku la socdo mid kasta oo ilmihiisa ka mid ah waxa ugu fudud oo uu ku edebsami karo. Qaar ayaa ku fiican in la sasabo, qaarna in la canaanto, qaar kalena in loo goodiyo. Qaar ayaa laga yaabaa inaanay soo loodsami karin illaa la xanjafiyo. Waa in garaacu noqdaa xalka ugu dambeeya. Siirada Nabigeennu (scw) waxay

---

(1) *Saxiixu Abii Dawud,* 2/401

ina tusaysaa sida ilmuhu ugu baahan yihiin naxariis iyo inaan si qallafsan iyo ad-adayg loola dhaqmin. Anas Ibnu Maalik oo ahaa adeegihii Nabiga (scw) oo xoogaa nooga bidhaaminaya habdhaqankii Nabiga scw ayaa wuxuu yiri: "Weligey waxaan sameeyey iguma ceebayn, maxaad u samaysayna ima oran, waxaanan samaynna maxaad u samayn weydey ima oran."[1]

Sidaan soo xusnayba, si adag oo ilmaha loola dhaqmo waxay gayeysiin kartaa in ilmuhu xumaan ku dhaco. Waalid badan ayaa ilmohoodii ku waayey ama ay ka fakadeen markii ay si naxariis darro ah u garaaceen, ama ugu gooddiyeen inay qoorta ka jari doonaan markii ay gacanta ku dhigaan. Maxaa na soo martay qisooyin badan oo ka warramaya waalidiin ka calaacalaya ama ka shallaayaya ilmohoodii oo xumaada oo ay iyagu sabab u ahaayeen. Bal aan milicsanno qisadan uu shiikh ka mid ah culummada Sucuudigu[2] ka warramayo. Waa farriin anfacaysa ciddii ALLAAH qalbigiisa iimaan geliyey, saamina ku leh aayaddii macneheedu ahaa: "Waxaa ugu sugan qisadooda waano kuwa caqliga leh!"[3]

Sarkaal ka mid ah kuwa la dagaallama Mukhaadaraadka ayaa ka warramaya wiil dhallinyaro ah. Wiilkaa qisadiisa waxaa buuxiyey murugo iyo mashaakil, waxaana ku sugan ku cibro-qaadasho. Wiilkii oo ka sheekaynaya qisadiisii naxdinta lahayd wuxuu yiri: "Muddo sanooyin laga joogo, waxaan ahaa arday dhigta iskuul oo aan waxbarashada ku fiicnayn. Aabbahay wuxuu igu handadi jirey inuu i deldeli doono

---

(1) Al-tacliiqaatul Xisaan calaa saxiixul Ibn Xibbaan, 4/446
(2) www.saaid.net, 1426
(3) Suuratu Yuusuf -111

Tarankii Qurbaha Tagey

haddii aanan imtixaanka ku guulaysan.

Muddo kaddib, waxaa dhacay wixii aan ka baqayey, imtixaankiina waan dhacay. Waxaa i hareeyey murugo, waxaanan ogaa sida ay aabbahay uga go'nayd inuu i ciqaabi doono. Xaalkaa ba'an anigoo ku jira ayaan mid saaxiibbaday ka mid ah gaarigiisa wada raacnay. Wuxuu dareemay murugada iga muuqata, wuxuuna i weydiiyey waxa igu dhacay. Waxaan uga warramay xaalkayga. Saaxiibkay oo ila yaabban ayaa i yiri, `Maxaa ka macno ah! miyaad ugu horreysey cid dhacda. Waxaas dhib ma leh ee ha ka welwelin.' Jeebka ayuu inta gacanta geliyey ka soo saaray kiniini oo yiri, `Qaado xabbaddan kiniiniga ah, waxay ku halmaansiinaysaa murugada iyo fakarka.' Intaan ka qaatay ayaan liqay. Wax yar kaddib, waxaan saaxiibkay ku iri, `Saaxiib Madaxaygu wuxuu ku dhaw yahay inuu qarxo, maxaa dhacay?' Intuu qoslay ayuu i yiri, `Waxaas waa iska caadi, waayo waa markii kuugu horraysey, laakiin markaad sii waddoba, waxaad dareemaysaa raaxo iyo baraare.' Wuxuu i siiyey wuxuu ahaa kiniini daroogo ah. Waqti kaddib, waxaan noqday mid ku xiran daroogada, raaxona ka raadiya kiniini iyo Heerawiin.

Waxaan ka baxay madarasadii, ehelkaygiina waan illaawey. Markii dunidii ay ciriiri igu noqotay, noloshiina igu adkaatay ayaan goostay inaan u safro Hindiya. Rafaad iyo dhib kaddib, waxaan ka degey Hindiya. Xoolo waxaan haystey waxaan ku lumiyey mukhaaddaraad. Maalin ayaan magaalada u soo baxay anigoo gaajo la rafaadsan. Markaan socon kari waayey ayaan iska fariistay meel jidka dhiniciisa ah. Anigoo halkii fadhiya ayaa nin Hindi ah oo gacanta ku haysta jab rooti ah ii soo muuqday. Markii uu i agmarayey ayuu tuuray in yar oo gacantiisa ku hartay. Waan farxay oo aan is iri,

'allaylehe xoogaa aad jadiinka mariso ayaad heshay.' Anigoo dadkana ka baqaya ayaan bilaabay inaan dhankeedii si tartiib ah ugu sii ruqaansado.

Wax yar kaddib, waxaa soo muuqday nafley kale oo isna gaajo gubayso oo dhulka xaabaya. Wuxuu soo unuunofaba, wuxuu ku yimid jabkii rootiga ahaa oo dafay. Waan is-hayn kari waayey oo anigoon is ogayn ka dabo-boodey. Waa ey yar oo jab rooti ah afka ku wata iyo nin dhallinyaro ah oo dabo-ordaya. Istaag eeyahow....Istaag eeyahow...Istaag!!! Eygii yaraa carar isagoo sayntii yarayd cirka u taagaya, aniguna tartankii waan ku haray. Waa caadada kuwa mukhaaddaraadku diloodey inaanay saan rogi karin. Silic iyo saxariir kaddib, waxaa ii suurto-gashay inaan waddankaygii ku soo noqdo. Waxaan dib ugu noqday oo aan xubin ka noqday kooxdaydii daroogaystayaasha ahaa.

Maalin bil Ramadaan ah anigoo asxaabtaydii dhex fadhiya ayaan isku duray hal irbad oo heerawiin ah. Wax yar kaddib, waan miyir beelay. Saaxiibbaday cabbaar ayey hadba dhinac ii rogeen. Markii ay wax dhaqaaq ah iga waayeen ayey bilaabeen inay jeebabkaygii baartaan, xoogaa daroogo ah oo ku jirteyna way la baxeen, waxayna isweydiiyeen wixii ay iga yeeli lahaayeen. Caqligoodii xumaa wuxuu tusay inay inta i walwaalaan dibadda ii bixiyaan. Midig iyo bidix ayey eegeen bal inay helaan meel munaasib u ah maydkayga. Waxay ii garteen inay igu tuuraan haan weyn oo kuwa qashinka ah. Waxay i aaseen iyagoon i mayrin oo aan kafan la'aan ahay.

Goor dambe ayaan soo miiraabay, markaas ayaan isweydiiyey meesha baas ee aan ku jiro! Lagdan dheer kaddib, waxaa ii suurto-gashay inaan qashinkii ka soo dhex-baxo. Markii aan soo baxayba, wixii ugu horreeyey ee aan ku baraarugey wuxuu ahaa inaan jeebka gacanta geliyo. Alla heerawiintaydii!!!! Gurigii ayaan ku noqday anigoo dhacdhacaya, waxaanan garaacay albaabkii. Markii ay iga fureenba, waa anfariireen! "Inaad dhimatay ayaan moodayney!" Hadal kale anigoon u celin ayaan iri: "Yaa qaatay heerawiintaydii?" "Annagaa qaadannay, waayo waxaan moodnay inaad dhimatay," ayaa mid ka mid ahi yiri, isagoo yaab darti indhihii taagmeen.

Maalin kale ayaan waayey waxaan xoogaa daroogo ah ku gato. Waan fekerey, waxaana ii soo baxday inaan reer dariskayaga ahaa inta u been sheego ka qaato TV-ga oo aan iraahdo waxbaan ku daawanayaa, kaddibna waan idiin soo celinayaa. Sidii ayaan yeelay, farta ayaana la iga saaray. Isla markiiba waxaan geeyey goobta wax lagu xaraasho. Arrintaasi waxay keentay inaan ku dhex ceeboobo deriskii, waxayna karheen araggayga.

Goor habeen ah, anigoo aanay indhahaygu qabanayn waxaan mugdiga habeenka ahayn, ayaa waxaa soo ifay nuurkii waaberiga. Wax yar kaddib, waxaa meel walba isqabsaday adaankii salaadda Subax. Waan ku naxay, laakiin ALLAAH, naxariistiisa, wuxuu qalbigayga ku tuuray cabsi iyo argaggax. Intaan halhaleel u kacay ayaan abbaaray masjid deris nala ahaa. Masjidkii ayaan galay. Nin daris nala ahaa oo xaalkayga ogaa ayaa i arkay. Wuxuu yiri, 'War iska jira daroogiistahaa masjidka soo galay, uma malaynayo inuu u soo galay inuu roogga, ama qaboojiyaha, ama kabaha xado mooyaane.'" Cidna kumaanan canaanan karin, waayo waxay ahayd wax aan hormarsaday.

Muddo markii aan sidaa ahaa oo aanan masjidka ka bixin, ayaa dadkii ogaadeen in soo noqoshadaydu ay dhab tahay oo la i aaminey. Kaddib, waxaan ka qayb galay siminnaaro iyo aqoon-is-weydaarsi. Waxay siminnaaradaasu ahaayeen kuwo lagu baranayo la dagaallanka mukhaaddaraadka iyo wacyigelinta dadka isticmaala. Allaah waa i toosiyey, igana saaray xumaantii aan ku jirey."

Bal eega halka uu gaarsiiyey wiilkaa dhallinyarada ah mukhaadaraadku, yaase u sabab ahaa inuu gacanta u galo saaxiibadaa xunxun ee aan arxanka lahayn. Waa aabbihii oo xal mooday inuu wiilkiisa ku tarbiyeeyo inuu ugu hanjabo inuu qudha ka jari doono. Bal haddii uu dilo muxuu hagaajiyey? Wuxuu ugu ciil qabay inuu si fiican wax u baran waayeye, inuu markaa deldelo ma ku ciilbixi lahaa?

Garaaca badan, ama baqdinta ay Ilmuhu dilka ka qabaan waxay gaarsiin kartaa dhib ka daran midka looga baqayey. Qaar ayey qalbigooda wax u dhintaa, qaarna inay naftooda halis geliso ayaa laga yaabaa. Qaar ayaaba baqdin darteed naftii ugu baxday. Wadaad reer Kuweyt ah ayaa masjid ku yaal Ingiriiska wuxuu ka jeediyey muxaadaro. Qiso ka dhacday Siiriya yuu nooga warramay, wuxuuna yiri, "Gabar yar ayaa waxaa lagu eedeeyey inay iskuulkii ay dhiganaysey ku xadday ilmo kale lacag uu lahaa. Waalidkii dhalay ayaa loo sheegay. Gabadhii yarayd waxaa la marsiiyey ciqaab awooddeeda ka baxsan. Sidii loo garaacayey markii ay naf dhigtay, ayaa ciqaab tii ka daran lagu xukumay. Maxkamaddii gurigu waxay ku xukuntay in gacanta la gooyo, mar haddii tuugannimo lagu eedeeyey. Aabbihii reerku wuxuu aaday goob nin hilib-qale ahi uu lahaa si uu middi weyn oo kuwa hilibka lagu jarjaro ah u soo

Tarankii Qurbaha Tagey

qaato. Isagoo baangad wata ayuu reerkii dib ugu soo noqday, mise maxaad ii dhiibatey! Gabantii yarayd markii loo sheegay waxa aabbeheed ku maqan yahay ayey, qarracan, naftii deysey. Arxanlaawihii oo baangaddii la ordaya ayaa la soo dul istaagey miskiintii oo meyd ah." Arrintaas oo kale edbin lama oran karo ee waa xad-gudub.

Aqoon-La'aanta Waalidka.

Waalid badan ayaanay u kala soocnayn xuquuqda ay iyaga iyo carruurtu isku leeyihiin. Waxay moodaan inay carruurta oo keliya saaran tahay inay waalidka baarri u noqdaan. Cilmi-darrada waalidka iyo ku baaraarug la'aanta xuquuqda carruurtu ku leedahay waxay keentaa in carruurtu weydo xaq badan oo ay waalidka ku lahaayeen. Arrinkaa waxaa ka dhasha in, carruurtuna markii ay tabaan xuquuqdaa, waalidkana ay ka waayaan ay iyaguna bilaabaan caasinnimo iyo inay waalidka xushmayn waayaan. Waalid badan ayaa markii arrinkaa la xusuusiyo ku andacooda oo yiraahda, "Waxay cunaan, waxay xirtaan iyo guri ay ku hoydaanba way haystaane, maxaa ka maqan!" Ma xusuusna inay xooluhuba intaa dadka leh ee dhaqda ku haystaan. Subaxdiina way foofiyaan, habeenkiina way soo hooyaan, haddii ay oomaanna way arooriyaan, xerana way u oodaan. Haddii xooluhu dhar u baahnaan lahaayeenna, shaki kuma jiro inay waaraad dhar ah u jari lahaayeen.

Nin ayaa u yimid Amiirkii muslimiinta, Cumar Ibnu Khaddaab, ALLAAH raali ha ka noqdee, wuxuuna ka sheeganayey wiil uu dhalay inuu caasi ku noqday. Wiilkii ayuu Cumar u yeeray, wuxuuna ku baaraarujiyey xumaanta

caasinta aabbihi. Wiilkii wuxuu Cumar (rc) weydiiyey in carruurtu waalidka xaq ku leeyihiin iyo in kale, wuxuuna ugu jawaabey, "Haa, waa ku leeyhiin!" Wiilkii wuxuu ku celiyey inuu u sheego waxa xuquuqdaasi tahay. Wuxuu Cumar, (rc) ugu jawaabey, "Inuu hooyo wanaagsan u dooro, magac fiicanna u bixiyo, kitaabka Allena uu baro." Wiilkii wuxuu yiri, "Intaa mid ka mid ah iimaanu sameyn." Cumar, (rc) intuu ninkii ku jeestey ayuu ku yiri, "Ma waxaad iigu timid inaad ka cabato caasinnimada wiilkaaga, adiga ayaana caasiyey intaanu ku caasiyin, waanad xumaysay intaanu ku xumayn!"[1]

Cumar, ALLAAH raali ha ka noqdee, wuxuu hadalkiisu inoo muujinayaa in waalidka laftigiisu uu ilmihiisa ku caasiyo, taana ay ka dhalato in ilmuhuna caasiyo. Haddii uu aabbahaasi cilmi lahaan lahaa, wiilkiisa waxbuu bari lahaa, si fiicanna wuu u tarbiyayn lahaa, arrinkaasu inuu dhacana waxay ahaan lahayd mid fog. Wuxuu baray uun sida saca beerta loogu falo, markaana waxay noqdeen; wiilkii iyo Siciiba xoolo xoolo wata.

Waxaa jira Waalid iskala rafta ilmohooda oo ku dedaala tacliintooda, laftigooduse aan hore wax u soo baran. Taa laftigeedu waxay keeni kartaa in ilmuhu tixgelin siin waayo waalidkii, una arko qof jaahil ah oo aan waxba garanayn, kaddibna arrinkaa ay ka dhalato inuu iska sarraysiiyo oo uu fududaysto. Wax badan ayaa la arkay Waalid raba inuu ogaado waxbarashada ilmihiisa oo u yeeranaya qof kale, ama mid kale oo ay ilmaha isku fasal yihiin, amaba saaxiibbo yihiin oo leh, "Maandhow ii fiiri Buuggiisa." Waxaa dhacda

---

(1) Islamweb.net, 2001

in ilmo badan waalidkood u been-sheegaan oo isaga dhigaan inay waxbarashada ku fiican yihiin, illeyn wuxuu ogyahay inaan arrinkaa laga dabo-tagi karine. Haddii waalidku, isagoo ka baqaya inuu u been-sheego yare canaanto, hadalkana ku adkeeyo uu yiraahdo, "Been ayaad ii sheegaysaa oo casharkaagii kamaadan shaqayn," markaa ilmuhu la soo boodo, "Iska aamus adigu ma waxbaad akhrin kartaa, waxba garan mayside!"

Dhibkaas; jahliga Waalidka, dadka uu aafeeyey waxay u badan yihiin dadkii ilmohooda ula qaxay dhulalka Galbeedka. Dad badan ayaa muddo yar carruurtoodii faraha uga baxeen markii ay awoodi kari waayeen inay ilmaha u buuxiyaan booskii looga baahnaa. Maxaa ilmaha dhulalkaa tegey uga baahi badan waalid gacanta ku haya! Waalid badan iyo carruurtoodii waxay noqdeen isma dhaanto iyo dhasheed.

Ciribxumada Jahliga waxaa ka mid ah inaanay, xataa, labada isqabta garanayn xuquuqda ay isku leeyihiin. Waxa qaar dhaqankooda ka dhadhamaya ama lagu turjumi karaa inay leeyihiin, "Waxa annaga na saarani waa inaan wada joogno, carruurna aan kala dhalno." Dhaqankaasi waa midka xayawaanka lagu yaqaan, illeyn nooc kasta oo xayawaan ahiba waa isweheshadaan, labka iyo dheddiguna waa isku dangutaan. Labadaa laga sugi maayo inay xuquuqda carruurta gartaan. Arrinkaasi waa midka sababa in labada isqabta ay isku xad gudbaan oo ay dhacdo, gaar ahaan Galbeedka in haween badan ay ku dhiirradaan inay guriga ka eryaan saygooda. In badani war uma hayaan danbiga arrinkaa ku sugan, waxaana laga yaabaa in, haddii ay qaarkood arrinkaa cilmi u leeyihiin, ay ka joogsan lahaayeen.

Waxaa arrinkan qayb weyn ka qaata dhaqankeenna ku salaysan caadooyinka jaahiliga ah iyo hiddaha ku salaysan xoolo-raacatonimada. Nolosha miyiga ee dhibka iyo rafaadka miiran ah ayaa wuxuu dhaqankeenna ka dhigay mid kakan oo aan dabacsanaan lahayn.

Jahligu wuxuu dadkeenna gaarsiiyey in labada isqabta ay ku adag tahay inay afka soo mariyaan, ama carrabka ku dhuftaan oraah ay ku muujiyaan dareenkooda kalgacal ee ay isu hayaan. Ninka ereyo sidaas oo kale ah ku tiraaba liidnimo iyo doqonnimo ayaa lagu sheegaa, waana lagu ceebeeyaa, ama qorqode ayaa lagu sheegaa haddii la arko isagoo hawsha guriga ka caawinaya haweeneydiisa. Dhanka kale, jilicsanaan iyo garaadxumo ayaa lagu xantaa haweeneydii la arko iyadoo u jajaban ninkeeda.

Dhaqanka Soomaalida iyo sida ay isu ahaayeen labada isqabta waxaa ka turjumaya qisadan oo aan isleeyahay arrinka qisadu xanbaarsan tahay wuxuu weli si aad ah uga dhex muuqdaa bulshada Soomaaliyeed. Waxaa xilli xilliyada ka mid ah la isku daray barbaar iyo gashaanti iscalmaday. Arooskoodii oo loo muddaysan yahay ayaa wiilkii waxaa lagu daray col lagu bixiyey reer kale oo colaadi ka dhaxaysey. Inta laga digniin helay ayaa waxaa laga dhigay mid la diley, mid la dhaawacay iyo mid dirqi ku fakaday. Wiilkii wuxuu galay qoladii meydkoodii la waray goobtii la isku haleelay. Gabadhii geerida ninkeedii markii ay maqashay ayey dareenkeedii dhabta ahaa qarin kari weyday oo ilmo waaweyni soo dhaaftay. "Yaan lagula yaabin," intay is tiri ayey gurigii "dalaq" tiri. Aabbeheed oo aan sidaa uga fogayn oo garanaya waxa gabadhiisu la baroorranayso ayaa, inta oohinteeda dareemay, u soo galay oo weydiiyey waxa haleelay. Sababta runta ah illeyn ma abbaari kartee waxay ugu jawaabtay, "Aabbow orgigii ina-heblood ahaa sow shalay dawaco ma cunin!" Odaygii oo aan malaha doonayn inuu gabadhiisa u garaabo ayaa inta gurigii ka baxay u celiyey, "Maandhaay, baroortu orgiga ka weyn!"[1]

Waxaa adag in la arko labo isqabta oo ilma Soomaaliyeed ah oo isdhaafsanaya kalmado macaan oo muujinaya xubbi iyo isjacayl. Bulshada dhaqankeeda iyo waxa ay aaminsan tahay waxaa inta badan laga dheehdaa maansadeeda. Waxay Soomaalidu ku maahmaahdaa: Nin iyo naagtii colna ma ahan, nabadna ma ahan. Maahmaahdu waxay tusinaysaa xiriirka ka dhexeeya labada isqabta inaanu ahayn mid ku dhisan sida diinteenna wanaagsani ina farayso oo ah in gurigu yahay meel lagu xasilo, labada qof ee isqbana ay yihiin kuwo ay ka dhaxayso kalgacal iyo isu naxariisasho.

Waxaa xaqiiq ah in ilmuhu ku barbaarayo dhaqanka iyo anshaxa labada waalid. Gabadhu waxay guriga ay dhisto la tageysaa sifadii iyo dhaqankii ay ka soo guurisey hooyadeed, waxayna ilmeheeda ku barbaarinaysaa sidii looga dhaqmi jiray gurigii ay ku soo kortay, iyadana lagu soo barbaariyey. Horaa loo yiri: Gabar waliba waa hooyadeed tay u gurataaye. Wiilkuna wixii uu aabbihi ku arki jirey ee ad-adayg iyo qallafsanaan ahaa ayuu reerkiisa ku dhaqayaa.

Duullaanka Maskaxda Ee Dumarka Lagu Hayo.

Dumar badan ayuu saameeyey duullaanka maskaxeed ee

---

(1) *Murtida Maahmaahda Soomaalida*, 1/49-51

lagu hayo gabdhaha muslimaadka ah, tafahana looga buuxiyey hardanka iyo tartanka ka dhexeeya labada jinsi ee ragga iyo dumarka ee dhulalkan Galbeedka. Qaar badan ayaa looga dhigay in shaqada Islaamku haweeneyda u qoondeeyey ay tahay dib-dhac iyo arrin ay tahay in laga xoroobo. Iyadoo, sida taariikhdu qorayso, la wada ogyahay in sababta is-feeryaaca ragga iyo dumarka ee Galbeedka ay keentay dumarkii oo looga maarmi waayey inay ka shaqeeyaan warshadihii iyo goobihii shaqada, kaddib markii raggii ku le'day Dagaalkii Koowaad iyo Labaab ee qarnigii 20^{aad}. Middaa ayaa waxay keentay in haweeneydii guriga laga soo saaro, loogana dhigo in xornimo la gaarsiinayo, guriga oo ay joogtaana ay tahay gumaysi uu raggu ku hayo. Sidaas oo ay tahay, waxaa jirey dumar badan oo ka soo horjeestey in dumarka guriga laga saaro, waxayna si cad u sheegeen in dumarka loogu talo galay inay hooyooyin noqdaan, shaqadooduna tahay hawsha hoose ee guriga[1]

Intaa dumarkii loogama harine, waxaa la gaarsiiyey inay dharka tuuraan, si ay ragga wax ula qaybsadaan. Waxaad arkaysaa nin iyo haweeney wada socda oo ninkuna si fiican u lebbisan yahay, haweenayduna ay qaawan tahay. Waxyaabaha la yaabka leh ee dumarka lagu lumiyo waxaad xataa ka dheehan kartaa, adigoon meel kale eegin qolada dharka iyo lebbiska xayeysiisa. Bal u fiirso, inta badan ninku wuxuu wax ku xayeysiiyaa dhar tin iyo cirib qarinaya oo xataa laga yaabo in madaxana koofi u saaran tahay. Dumarku dharka ay wax ku xayeysiiyaan waa mid qaawanaan ah, haweenkana ugu yeeraya inay isqaawiyaan, mid walibana waxay bannaynaysaa, ama muujinaysaa meeshii ay isleedahay ishu way qabanaysaa.

---

(1) Women Against the Vote, 229

Waddammo badan oo Galbeedka ah ayaa, markii ay arkeen dayaca iyo baaba'a uu ku sugan yahay qoyskii iyo sida ay tarbiyaddii carruurtu u dayacan tahay waxay olole xoog leh ugu jiraan sidii ay dumarka ugu celin lahaayeen guriga. Arrinkaa wuxuu muujinayaa inay ogaadeen inaanay haweeneyda u helayn shaqo u dhaanta midda ALLAAH siiyey oo ah, shaqada guriga iyo korinta carruurta. Haweeney macallimad ah oo Galbeedka u dhalatay ayaa dood ku saabsan shaqada dumarka u furtay ardaydii ay macallimadda u ahayd. Wiil muslim ahaa ayaa u sharraxay shaqada islaamku haweeneyda u dooray, kaddibna waxay macallimaddii dooddii ku soo gabogabeysey inay ogtahay in haweenkoodu labo shaqo qabtaan. "Raggayagu waxay nagu xantaan inaan labo shaqo qabanno. Dibaddiina raggii ayaan kala shaqaynaynaa, middii gurigana waan ku qasbannahay inaan qabanno, illeyn waa shaqo aan raggu nagula tartami karine, waanan ognahay in carruurtayadii faraha ka bexeen." Xoogaa intay aamustay ayey inta yare qososhay, iyadoo isku qancinaysa tiri, "laakiin shaqada dheeraadka nagu ah xornimo ayaan ku beddelenney".

Iyadoo la wada ogyahay in reerku ku dhisan yahay labada waalid ayaa, haddana waxaa jira oo aan cidna ka qarsoonayn hawlo uu ALLAAH mid walba u fududeeyey. Waxaa inta badan la xijiyaa ragga hawlaha dhibka iyo halista badan ee muruqa iyo kartida u baahan, saa iyagaa ka bixi karee, halka dumarkana la xijiyey hawlaha guriga oo, inkastoo aanay xoog u baahnayn, haddana la xaqiijiyey in iyaga kaliyihi u babac dhigi karaan, cid aan iyaga ahaynina aanay ka bixi karin. Jir ahaan iyo dabeecad ahaanba, waxaa labada jinsi mid walba ALLAAH u dooray hawl ku habboon oo munaasib u ah.

Galbeedkan ay dumarkeennii ka daba-lumeen ayaa haweenkoodii wax garadka ahaa ku doodayaan in ragga iyo dumarku aanay isku hawl lahayn. Waxay qaarkood soo saareen bayaan ay ku caddeynayaan in raggu hawsha guud leeyahay iyo cadowga oo ay la dagaallamaan, dumarkuna hawlaha guriga, labadaa hawloodna ay yihiin kuwo lagama maarmaan ah. Iyagoo shaqadooda ku qanacsan, ceebna aan u arkayn ayey si cad u sheegeen inaanay, jir ahaan iyo dabeecad ahaanba, masuuliyadda waddanka qaban karin. Waxay isku difaaceen inaanay hoos-u-dhig ahayn inaanay dumarku qaban karin hawsha guud, waayo waxaa jira hawl ay dumarku qaban karaan, ragguse aanu ka soo bixi karin.[1]

Sannadkii 1970[kii] ayaa isu-soo-bax ballaarani wuxuu ka dhacay magaalo madaxda Denmark. "Waan diidney inaan noqonno alaab, waan diidney inaan noqonno alaab ganacsi... Wanaaggayagu waa inaan jikada ku jirno. Waxaan rabnaa haweeneydu inay guriga joogto. Nagu celiya dumarnimadayadii!" Baaqaas waxaa ku dhawaaqayey tiro aad u badan oo ah dumarka iyo gabdhaha jaamacadaha dhigta mar ay isu-soo-bax aad u ballaaran ka dhigeen magaalada Kobenheegan. Cod bixin loogu magac daray: Nabadgelyo casrigii xorriyadda, soo dhawoow casrigii dumarnimada, ayaa laga qaaday dumarka faransiiska, 90% waxay ku cod-bixiyeen inay jecel yihiin inay, inta guursadaan, gurigooda joogaan. Waxay yiraahdeen, "Waan ku daalley sinnaan raadintii, waan ku daalney dhibkan maalin iyo habeenba taagan, waan ku daalney aroorta hore ee aan kacayno iyo tareen cayrsiga. Waan ku daalney noloshan aanu ninku xaaskiisa arkeyn waqtiga hurdada mooyaane, hooyaduna aanay carruurteeda arkeyn miiska qadada mooyaane!"[2]

---

(1) Women Against the Vote, 182,258
(2) Islammemo.cc, 2006

Waa wax la isku waafaqsan yahay hawl aan la kala lahayn oo aan kala soocnayn inaan dadkeedu gaareyn guul uu ku naalloodo. Sidaa ayuu Islaamku u boorriyey nidaamka iyo kala dambaynta, cid walbana uu u dooray halka ay ku habboon tahay. Sidaas darteed ayaa qoyska waxaa loo dooray in aabbuhu uu mas'uulkii yahay, shaqadiisana waxaa laga dhigay mid ku qasbaysa inuu dibadda ka soo shaqeeyo, halka haweeneydana loo dooray shaqo iyana ku qasbaysa inay guriga joogto, oo ah shaqada hoose ee guriga. Sidaa haddii la yeelo qoyskaasu wuxuu noqonayaa mid isku xiran oo ku noolaada nolol raaxo leh, ilmihii ka farcamaana waxay noqonayaan kuwa toosan oo ku barbaara tarbiyad wanaagsan.

Waxyaabaha la yaabka leh ee ay isku qanciyaan gabdho badan oo muslimiin ah waxaa weeye inay ku andacoodaan in waddammadoodii lagu cadaadin jiray, halkanna ay ku heleen xuquuqdoodii ka maqnayd. Arrinkaa waxaa u sii kabo-geliyey oo aad u sii buunbuuniyey waddammadan loo soo qaxay oo iyaga xaalkoodu yahay la dagaallan diineed iyo inay kala furfuraan qoyskaa muslimka ah ee iswata. Gabdho badan oo soomaaliyeed ayaa si cad waxay afka ugu dhufteen inay doonayaan inay hoggaanka reerka qabtaan, maaddaama raggu isku gaar yeelay, arrinkaasuna yahay mid loo siman yahay. Qaar badan oo sidaa wax ku qaybsaday ayaa goor aan wax ka qabasho lahayn baraarugey oo ciil iyo calool xumo, iyagoon reerna hayn, carruurina aanay gacanta ugu jirin dariiqyada baroor la taagan.

Gabar Soomaaliyeed oo ku nool Galbeedka oo, malaha, ka mid ah qolada fikraddaa beenta ah lagu khalday ayaa laga sheegay in iyada iyo saygeedii ay isqabteen markii ay hal wiil isu dhaleen. Ugu dambayn waxay dan mooddey inay odaygeeda guriga ka erido iyadoo la kaashanaysa booliska waddankii ay joogtey. Qoyskii waxaa xaalkiisu ku soo gabogaboobey inuu dumo. Gabadhii waxay isbarteen nin u dhashay waddankii ay ku noolayd, kaddibna waxay ku heshiiyeen inay wada noolaadaan oo ay saaxiibbo noqdaan. Muddo markii ay ninkii wada noolaayeen ayey waxay u sheegtay dumar ay isku xanqarsadaan inay ninkii wiilkii yaraa uga maaro la'dahay. "Markii aan ku qayliyo wuxuu igu sasabaa inaanu mar dambe u noqonayn. Si aan yeelo ma garanayo!" ayey ku catowday.

Miskiintu waxay garan weydey inay ALLAAH u noqoto oo ay isdabo-qabato, ilmahaa yarna bedbaadiso. Waxaa la cuslaatay inay dambigeedii qirato. Malaha waxay is tiri ku adkayso waxaad dooratay oo qarso arrinkaaga, si aanay sheeko kaaga dhigan dumarka wararka kala waarida oo aanay kuu oran, "Ma maqasheen tii hebla ahayd waxa ku dhacay!" Dumarku isqabashada waa ku liitaan haddii aanay helin cid gacanta qabata. Horaa loo yiri; Dumarku arrin adag waa galaan, siday uga baxaanse waa adag tahay.

Kala-Tegidda Labada Waalid.

Banii'aadamku wuxuu noolaha kale dheer yahay oo ALLAAH ku mannaystay inay aabbaha iyo hooyadu iska kaalmaystaan korinta iyo tarbiyadda carruurta, halka noolaha kale ay keli, ama gaar arrinkaasi ku yahay dheddigoodka oo aan laboodku wax hawl ah ka gelin barbaarinta dhashooda. Qaar laboodka xayawaanka ka mid ahi wayba laayaan ilmohooda, amaba way cunaan. Arrinkaasi wuxuu ina tusayaa ahmiyadda ay leedahay barbaarinta carruurtu iyo sida barbaarintaasi iskaashi ugu baahan tahay. Haddii ilmuhu waayo labada waalid midkood, waxay korintiisu noqonaysaa mid waaxi maqan tahay.

Haddii uu ilmuhu ku waayo labada waalid, ama midkood deegaan bulsho muslim ahi ay deggen tahay, ama uu helayo ehel gacan-qabta waxaa la arkaa inay u bedbaadaan dhaqankiisa iyo diintiisuba. Wuxuu ilmahaa agoonka ahi helayaa qof same-fale ah oo markuu arkay wanaagga ay diintu u yaboohday qofka agoon koriya sidaa ku kafaalo qaada. Ama wuxuu helayaa mid jir isugu yaal oo ay ehel wadaagaan oo ka damqada darxumada haysata ilmahaa. Inkastoo aan marna loo dhammaystiri karin xubbigii iyo koolkoolintii waalidka, haddana waxba waxbay u dhaamaan oo waa ilmirigle cid walba gacan uga baahan.

Maxaa laga fili karaa ilmo muslim ah oo labadii waalid midkood ku waayey deegaan ay bulsho aan muslim ahayni deggen tahay oo jid walba ay u yaalliin dabinno gacanta ugu jira kuwo aan arxan u geleyn oo u diyaarsan sidii ay u lumin lahaayeen? Taa waxaa uga sii daran ilmaha haddii labada waalid kii u haray, iskaba daa inuu u buuxiyo, ama uu u dhadhaweeyo booskii lammaanihiisu ka baxaye, uu noqdo mid gaba ama ka soo dhalaali waaya halkii uu ilmaha uga aaddanaa.

Iyadoo aanay meesha ka marnayn oo aan la diidi karin in laba qof oo isqabtaa ay iskhilaafi karaan ayaa waxaa, haddana, jira dhulalka galbeedka qorshe lagu doonayo in lagu burburiyo qoysaska muslimka ah, iyadoo ujeeddada ugu weyni tahay sidii ilmahaa loo heli lahaa. Runtii, ma qarsadaan oo dad badan ayey si toos ah ugu caddeeyeen inaanay iyaga wax dan ah ka lahayn, laakiin waxa ay wax u tarayaan ay tahay ilmahaa dartood. Gabar soomaaliyeed ayaa kolkii dhaliddeedii soo dhawaatey la xiriirtay isbitaal si ay xaalkeeda u ogaato. Dhakhtarkii baarayey si fiican ayuu ugu hagar-baxay, wuxuuna u muujiyey naxariis iyo dedaal dheeraad ah. Markii ay hooyadii, iyadoo qanacsan, isku diyaarisay bixitaan, ayaa dhakhtarkii ku macasalaameeyey oraahdan :Ha u malayn waxaan kuugu dedaalayno inaan adiga dan kaa leennahay ee waa ilmahaa aad caloosha ku siddo."

Nin aan isleeyahay wuxuu aad u dhexgalay bulshadaa reer Galbeedka, xogtoodana wax badan kala socda ayaa laga soo xigtey inuu qiray inay jirto qorshe sal ballaaran oo lala damacsan yahay bulshada muslimka ah ee ku nool waddammada loo soo hayaamay, gaar ahaan Yurub iyo Ameerika. Tallaabada ugu horraysa ee ay qaadaan waa inay khilaaf dhex-dhigaan labada isqabta, iyagoo inta badan ka soo gala xagga haweeneyda. Arrinkaa haddii ay ku guulaystaan waxay, haddana xoogga saaraan sidii uu ilmuhu hooyada gacanta ugu geli lahaa, waayo waxay aaminsan yihiin inay dumarku uga nugul yihiin ragga, arrinkaa ay damacsan yihiinna ku baararuggiisu uu dumarka ku yar yahay. Midda kale, waxay isaga dhigaan dad u hiilliyey, sidaana ay haweeneydu wax badan ugu fududayso iyadoo is leh aad abaal-guddid. Tallaabada saddexaad oo ah midda ugu sahlan waa inay ilmaha gacanta ku dhigaan.

Asbaabo kala duwan iyo jidad badan ayey u soo maraan inay ilmaha hantiyaan marka ay hooyada gacanteeda ilmuhu galaan. Waxaa ka mid ah inay, iyagoo isaga dhigaya inay caawinayaan, hooyada ku yiraahdaan, "Waxaan kuu soo diraynaa qof dumar ah oo kaa kaalmaynaysa haynta carruurta." Mar haddii reerka la soo dhexgalo waxaa fudud in la helo tabta ugu sahlan oo ilmaha gacanta loogu dhigi karo. Qaar ayaa ilmaha lagu diraa, kaddibna, iyadoo lagu andacoonayo inaanay ilmuhu la noolaan karin sidaa looga qaataa. Qaar ayaa ilmihii laga qaatay, kaddib markii

Tarankii Qurbaha Tagey

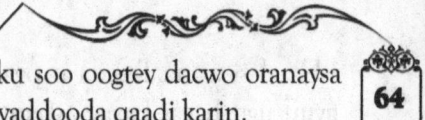

haweeneydii caawinta ula joogtey ku soo oogtey dacwo oranaysa inaanay hooyadani ilmaha masuuliyaddooda qaadi karin.

Waxaa maqaal igu ah in aabbe iyo hooyo farahooda laga bixiyey dhawr carruur ah oo ay dhaleen, kaddibna loo qaybiyey dhawr reer oo masiixi ah oo aan ilmo lahayn. Markii hore aabbihii ayaa reerka laga saaray iyadoo hooyada loo marayo, kaddibna hooyadii jidkii aabbaha ayaa la mariyey oo ubadkii waa laga faro-maroojiyey. Waxaan maqlay iyagoo labadii waalid hadba masjid tegaya oo weydiisanaya in loogu duceeyo in ilmohoodii ALLAAH u soo celiyo.

Maahan dhacdo labadaa waalid gaar ku ah ee waa arrin tiro dhaaftay oo ka mug weyn in halkan lagu soo koobo. Waxaa taa ka duwan oo dhacda in labadii waalid oo isku duuban, ama midkood oo ilmihii la dedaalaya maalin cad iyagoo soo taagan ilmaha laga dareersado. Waxaa dhacday Haweeney laba ilmood haysata oo degganeyd Denmark inuu maalin mid ilmihii ka mid ahi ooyey. Oohin ilmeed waa mid aan cidina joojin karin, waayo waa luqadda ilmuhu ku soo gudbiyo dareenkiisa; Haddii uu gaajoodo, haddii uu kulayl ama qabow dareemo, haddii uu hurdo ka soo tooso, haddii waalidku yare xanjafiyo, haddii....Oohintii waxaa maqlay reer deris la ahaa. Isla markiiba waxay waceen booliskii. Booliskii si degdeg ah ayey ku ajiibeen oo u yimaadeen, waxayna weerareen hooyadii miskiinta ahayd.

Waxaan maqli jirey halhays la adeegsado marka wax ay dhib ahayd heliddiisu si fudud gacanta loogu dhigo, waxayna ahayd oraahdaasi: Waa Biciid jaban oo ban yuurura! Ugaarsadihii ku daaley oo marna biciid ka ilheli waayey-waayo biciidku waa xayawaan aad isku ilaaliya-soo inuu inta mindida la

soo baxo hawl yari qasho maahan! Iyagoon dhib u marin, illeyn waa siday doonayeene waxay la wareegeen carruurtii, waxayna u kala direen laba reer oo aan carruur lahayn oo kala deggen Denmark iyo Norway. Hooyadii miskiinta ahayd waxaa looga tegey murugo iyo balanbal, iyadoo joogta waddammadii sheegtay ilaalinta xuquuqda.

Waxyaabaha haweenka lagu dago waxaa ka mid ah inay dhaqaale badan heli doonaan. Arrinkaa waxaa ka markhaati kacay gabdho badan oo ALLAAH ka bedbaadiyey inay u hanqal taagaan sandareertadaa lagu dagayo. Gabar ayaa waxay sheegtay inay biilkii ka goosteen xafiiska cayrta. Waxay gabadhu leedahay in ninkeedii safray, kaddibna xafiiskii qaabilsanaa ayey u sheegtay. Dhawr jeer ayey weydiiyeen sababta ninku u tegey, waxayna u sheegtay inaanay wax dhib ahi jirin oo wadaadku safar caadi ah galay. Muddo markii su'aashaas iyo wax la mid ah gabadhii lagu soo celceliyey, iyana ay ku jawaabayso inaanay waxba jirin ayey maalintii dambe shir ugu yeereen kuna yiraahdeen, "Waan ognahay ninkaagii khilaaf ayaad ku kala tagteen oo waad baqaysaa. Noo sheeg runta annaga ayaa ku caawinayna, dhaqaale badanna waad helaysaa." Gabadhii inaanay waxba jirin ayey u sheegtay. Arrintii waxay gabadhii ku keentay in intii yareyd ee la siin jirayna laga goosto.

Haddii gabadhaasi ALLAAH sugay oo ka ilaaliyey inay godkaa ku dhacdo, intee dabinkaasi boqnaha jaray oo reer iyo carruuriba dhaafeen, xoolana aan helin, kaddibna is yiri, "Meel aad ka soo noqotaan ma jirto" oo hore suuqa u sii galay.

Qiyaas dad xog ogaal ahi sameeyeen waxay sheegeen in

ilmaha suuqa gala ama tarbiyaddoodu qalloocato, gaar ahaan Galbeedka ay 70% yihiin kuwa labadii waalid kala tageen oo midkood la nool, ama labada waalid kala maqan yihiin oo aanay isku meel joogin. Warbixintaasi waxa kale oo ay sheegtay in carruurtaasi inta badan ay la nool yihiin hooyo keliya.

Wiil Soomaali ah oo ka mid ah dadweynaha Yurub ku nool ayaa iiga sheekeeyey qiso, runtii, ka markhaati kacaysa warbixintaa aan kor ku xusay. Wuxuu ii sheegay in wiil ay isku meel ka shaqeeyaan oo Turki ahaa ay maalin isku soo qaadeen gabdhaha muslimaadka ah ee waddankaa ku nool. "Cabbaar markii aan sheekaysaneyney ayuu yiri, 'Gabdhihiinna Soomaaliyeed waxay ku jiraan kuwa ugu daran.' Intaan yare qiirooday ayaan ku iri, 'xaggee ku aragtay?' Wuxuu iigu jawaabay in haddii aan rabo uu i tusi karo iyagoo taagan meelaha dumarka xunxuni istaagaan. Waxaan ku iri, 'i tus waana inoo maalin hebla.' Maalintii ayaan ugu tegey halkii aan ku ballanay. Waxaan u tegey isagoo la taagan Afar gabdhood oo Soomaali ah oo midda u weyni aanay labaatan gaarin. Sida ay u lebbisnaayeen keliya ayaan ku qancay oo aan ku niyad-jabay. Anigoo naxdin saanta qaadi la' ayaan xaggooddii u dhaqaaqay. Waan salaamay anigoo weji-gabax iyo yaxyax wejiga siin la'. Laguma farxin araggayga, waxaana la isku dayey in la iskay dhaafiyo, laakiin kumaanan tegin sidaase, hadalkii ayaan la sii waday. Muddo markii aan wada taagnayn, hadalkiina isu kaaya qaban la'yahay ayaan, mid aan dabacsanaan ka dareemay, isna lahaa waa dhaantaa kuwa kale gooni ula baxay oo si fiican u wareystay. Waxaan dareemay inay tahay qof waxuun ka soo dhadhamisay tarbiyo wanaagsan, laakiin gadaal dayac ka helay. Gabadhii yareyd oo indheheeda ilmo ku taagan

tahay ayaa waxay ii sheegtay inaanay dhammaantood waalidkood la noolayn. Waxa kale oo ay iigu dartay in hal mid mooyee intooda kale ay markoodii hore hooyooyinkood oo qura la noolaan jireen."

Arrintaa dhabnimadeeda iyo sida da'yarteennii ugu ba'day Galbeedka waxaa xaqiijiyey dhallinyaro u istaagtey inay wax ka qabtaan arrinkaa, dhallintana uruuriya oo ka tirsan Masjidka Tawfiiq ee Oslo. Tirakoob ay sameeyeen waxay ku qiyaaseen in Oslo keliya in ka badan 50-60% dhallinta da'doodu ka yar tahay labaatan sano ay faraha ka bexeen, halka ilaa 30% laga yaabo inay reerkoodii u soo hoydaan, laakiin xor u ah waxay doonaan oo aan waalidku talo ku lahayn.Tiro aad u yar oo aan la garaneyn waxay ku dambayn doonaan ayaa weli gacanta waalidka ku sii hartay, taas oo aan la oran karin si dhammaystiran, ama ku dhaw ayuu waalidku gacanta ugu hayaa. Marka aan leennahay faraha ayey ka bexeen, ugama jeedno inay wax walba oo xun ay jidka iyo meelaha laga arki karo ku sameeyaan. Inta badan dhibku wuxuu ka dhacaa goobaha ka fog meesha laga arki karo.

Maamule iskuul Ingiriiska ku yaal ayaa maalin kulan ugu yeeray waalidiin Soomaaliyeed, wuxuuna u gudbiyey cabasho uu gabdho soomaaliyeed oo iskuulka arday ka ah uu ka sheeganayo. Waalidkii ayaa arrintii ka xumaaday, kana gadoodey. Waxay u qaateen meel-ka-dhac iyo aflagaaddo gabdhohooda loo geystey. Maamulihii markii uu arkay kacdoonka dhacay ayuu filim u daaray. Meeshii waxaa ka soo baxay wax loo qaadan waayey oo waalidkii ka yaabisay. Hooyo ugu cadcaddayd oo uu maamuluhu ka joogi waayey ayaa gabadheedii waxay ka mid noqotay kuwii ugu darnaa.

Waxaa jira goobo gaar ah oo ku yaal Oslo oo ay isugu yimaadaan dhallinyarada Soomaalidu, gaar ahaan waqtiga habeenka. Taksiileyda Soomaalida waxay goor walba sheegaan dhallinyaro aad u dayacan oo dariiqyada hadba dhinac isu eryanaya. Goobaha ay dhallinyaradaasi ku dhafraan waxay caan ku yihiin buuq, qaylo, dagaal. Waxa aagga dhalintaasu joogto aan, mar walba, laga waayin gawaarida booliska oo ku agwareegaya.

Waxaa isweydiin leh waa maxay shaqada ay dhalinyaradaasi ka hayaan goobahaa ay isugu yimaadaan? Maxay isugu soo baxaan waqtigan dambe? Maxaa iyaga si gaar ah isugu soo uruuriyey, maxayse boolisku aagga dhalinyaradaasu ay joogaan ugu gaafwareegaan? Su'aalahaa jawaabahooda waxaan u daynaynaa qayb aan uga hadli doonno dhallinyarada iyo maandooriyayaasha.

Waxaan maqli jirey naartu waa kala dacwootaa. Waxaa la soo weriyey in xataa qawmiyadaha kale ee aan Soomaalida ahayn, dhallintooduna xumaatay ay ka qayliyeen, kana cawdeen kuwa Soomalida ah ee ay badda xumaanta ku wada jiraan. Taksiile Soomaali ah ayaa laga sheegay in nin uu qaaday uga dacwooday niman soomaali ah oo dhallinyaro u badan oo marwalba qas iyo qalalaase ula taagan goob uu habeenkii ku caweeyo, saaxiibbadina khamriga kula cabbo.

Waxa dhalinyaro dariiqyada daadsan waxa intooda badani ka soo jeedaan aabbe iyo hooyo intooda badani kala tagey, ama aan isla noolayn oo midba meel jiro, ama jahli halakeeyey oo gabay tarbiyadda carruurtooda.

Waxaan dhawr jeer xusnay inay jiraan waalid ilmohooda ku

faro-adayga, iskuna daya inay ka bedbaadiyaan mawjadahan aan kala go'a lahayn, laakiin suurtogal ay u noqon weydo inay ilmohooda samato-bixiyaan. Waxaa jira marar waalidka ama cid kaleba aanay waxba ka tari karin bedbaadinta carruurta, dadaalkooduna uu noqdo hal bacaad lagu lisay.

Reero badan oo kolkii hore isla qummanaa ayey goor dambe runtu ka dabo-timid oo ogaaday inaanay awlaadi faro ugu jirin. Sidoo kale, qaar waalidiinta ka mid ah oo waddankii jooga oo markii hore ilmohooda usoo diray si ay waxuun waxtar ah uga helaan ayaa goor dambe waaya meel ay jaan iyo cirib dhigeen. Waqti dambe ayaa loogu warramaa inay ilmohoodii xargagoosteen oo ay beerta galeen (xumaadeen), amaba loo soo tebiyaa in hebla ama hebel uu waashay, amaba xabsi ay ku jiraan.

Waxaa la ii sheegay wiil isagoo kuray yar ah soo raacay abtiyaashii oo ay Yurub keeneen. Wuxuu ahaa wiil yaraantiisii uu waalidkii u soo dedaaley oo ay diinta wax ka bareen. Wuxuu gaarey meel wiil da'diisa ah lagu ammaano halkii ugu sarreysey oo ah inuu ahaa wiil Qur'aanka xifdiyey. Wuu caymo-qabey intii uu abtiyaashii la joogey, laakiin maalintii uu 18 jir gaarey ayuu dalbaday inuu gooni u dego. Guri ayaa la siiyey, xoogaa uu ku noolaadana waa loo qoray. Goobtii wuxuu ka helay wiilal badan oo da'diisa ah oo markaa adduunyo afka u kala qaadday. Asxaabtiisii ayuu dhinac ka raacay, dabadeedna waxaa bilaabmay dagaalkii koowaad oo dhexmara isaga iyo iskuulkii uu dhiganayey.

Waxbarashadii ayaa, markii hore loogu maaro-waayey oo lagu kari waayey, cibaadona warkeeda daa. Kaddib, wuxuu

Tarankii Qurbaha Tagey

bilaabay inuu ku biiro bahda habeenkii soo jeedda ee dhafarta. Xumaanba sidii ay xumaan ugu sii dhiibaysey, wuxuu gaarey inuu xubin ka noqdo kooxo sharwadeen ah oo bahda mukhaadaraadka ah. Abtiyaashi iyo dadkii yiqiinba isku daye inay gebigaa uu iska xooray ka soo qabtaan, qabanse kari waaye. Wiilkii yaraa ee xaafidka ahaa, waalidkiina xurquun ay ka heli jireen, wuxuu hadda ku jiraa goob lagu daryeelo dadka waalan.

Dhallinyaro ay hore isu yaqiinneen ayaa sheegay in, markii la soo hayey wiilka ay arkeen iyadoo la haysto oo la leeyahay kiradii guriga ayuu bixin waayey, dabadeed gurigii ayaa laga xirtay. Wixii uu heloba sigaar iyo qaad ayuu siistaa, kaddibna wuxuu ku dambeeyey inaanu ka maqnaan jirin oo uu boos ku yeesho baar khamriga lagu cabbo. Goor dambe ayuu isku dhexyaacay, lana arkay isagoo xiddigaha tirinaya oo isla hadlay.

Waxaa badan dhallinyaro sidiisoo kale ah oo qaarkoodna xabsiyada ku abaadeen, kuwana iyagoo raamo leh suuqyada wareegaan. Wax badan ayey dhegaha ku soo dhacday, "Hebel wuu isku buuqay, dabadeedna irbad ayaa lagu dhuftay oo meelahaa ayuu qashinka uruuriyaa oo uu wareegaalaystaa."

Wiil qoladaa isku buuqday ka mid ah ayaa, intuu habeen toorrey guntiga gashadey la galay huteel weyn. Dhawr qof oo rag iyo dumar isugu jira oo markaa cashaynaya ayuu nin markaa xigey toorridii dhabarka kaga daabay. Qaylo iyo kala carar kaddib, waa la qabtay, booliskii ayaana loogu yeeray. Markii la weydiiyey waxa ku bixiyey waxa uu falay wuxuu yiri, "Oo goormaan nimankan heshiinney!" Hadda isagoo xasillan oo ciduu waxyeelo iska daaye, hadalkiiba gabey ayuu joogaa.

Dhallinyaradu markii ay muddo ku dhex-jiraan labadaa dhaqan ee isdiiddan ee ah; midka guriga muslimka ah ee ay ku soo barbaareen iyo midka bulshada Galbeedka ee ay jaarka la noqdeen ayey marka dambe qaarkood xargaha goostaan oo ay fakadaan. Halkii ay u baxsadeen ayaa waxaa haddana uga yimaada caqabado badan oo aanay maarayn karin. Waxay la qabsan-waayaan nolosha dadkii ay dhex-galeen, waxaana ku yimaada dhibaatooyin badan oo aanay iska difaaci karin una babac dhigi karin.Taa ayaa waxay keentaa in dhallinyaro badan nolosha ka dhacaan oo ay marka dambe waayaan meel ay u ciirsadaan.

Arrimahaasi waxay keenaan inay dhallintii meel dhexe ku lumaan oo ay reerohoodiina ka soo tagaan, bulshadii ay u galeenna ay la qabsan waayaan. Reerkoodii weji uma yaal oo kuma dhiirran karaan inay dib ugu noqdaan, qoladii ay u tageenna soo tuftay oo naf uma hayso, cid kale oo u taagan inay wax la qabataana ma jirto,markaas ayey noqdaan: Hal nin gurrani dheelmay dhinacna uma fayooba!

Kala Duwanaanta Dhaqanka Iyo Qaanuunka.

Waxaa in badan lagu halqabsadaa in deegaanku yahay tuug wax xada midka ugu dhagarta badan oo aan la ogaan karin xilliga uu wax xadayo iyo waqtiga uu soo aaddan yahay. Si sibiq ah oo aan la dareemi karin ayuu qofka ku soo galaa, dabadeedna waxaa maalinta dambe la arkaa qofkii oo uu hoggaan ku ritey.

Waxaan meelo hore ku soo xusay saamaynta xoogga badan ee deegaanku ku leeyahay bulshada iyo sida aan qofna uga fakan karin. Deegaanku keligii wax iskama beddelee, waxa wax dooriyaa waa bulshada deegaankaa ku nool. Soomaalidu waxay ku maahmaahdaa: Deriskaagu waxaan Caddaan iyo Madow ahaynba waa ku geliyaa. Waa sababtaa midda Islaamku u adkeeyey inaan qofka muslimka ahi deegaan ka dhigan waddan aan muslim ahayn.

Ummaddii Muslimka ahayd ee u qaxday waddammada Galbeedka waxay u tageen dad ay dhinac walba ku kala duwan yihiin; haddii ay ahaan lahayd diin, dhaqan, qaanuun iyo sida loo nool yahayba. Diin iyo dhaqan waa waxa ugu muhiimsan ee ummadi isku aanaysato, ama isku xiriiriso, kala duwanaanshuhu haddii uu labadaa arrimood galona way adag tahay in la helo wax kale oo ummad xiriirin kara. Reer Galbeedku waa Ummad qaanuunkeeda iyo dhaqankeedu ku dhisan yihiin waxay iyagu gacantooda ku samaysteen, halka qofka muslimka ahi aaminsan yahay in la raaco sharciga ALLAAH dunida ugu talo-galay. Waa kaaf iyo kala dheeri iyo arrimo aan marna la iswaafajin karin.

Qaanuunka Galbeedku wuxuu ku dhisan yahay oo uu ku sar go'an yahay hadba sida waafaqsan dhaqankooda iyo noloshooda. Tusaale haddii aan u soo qaadanno qaabka qoyska, waxa qoyska Galbeedku ka kooban yahay labada waalid iyo hal ama laba ilmood, noloshooduna intaa ayey ku sar go'an tahay. Qaanuunka reerka ku saabsan waxaa lagu jaangooyey qoyskaa tirada yar ee dhawrka qof ka kooban. Halka laga yaabo in qoyska muslimka ah ee qaxa ku tegey uu ka kooban yahay lix ilaa tobaneeyo qof. Qoyskaas, isagoon dhib kale loo gaysan ayaa nidaamka qoyska ee waddammada u degsan wuxuu ku noqdaa culays aanay labada waalid ka soo bixi karin.

Sababaha Keena In Ilmuhu Qalloocdo

Waxaa iyaga hoodo iyo ayaan u ah in lammaanihiiba uu laba ilmood haysto, ciddii ka badan doontaana waxay u arkaan qolo aan marna la qabsan karin nolosha casriga ah, khilaafsanna jaangooyada ay dunidu u dhigtay taranka dadka. Gabar Galbeed u dhalatay ayaa ALLAAH da'dii u horraysey wuxuu ku beeray mataano, waxayna dhashay wiil iyo gabar. Iyadoo aad u faraxsan oo gabar kale u sheekaynaysa ayey tiri, "Waxaan jeclaa inaan laba ilmood dhalo, oo waliba kala ah wiil iyo gabar. Nasiibkayga, hal mar ayaan dhalay oo ilmo dambe uma baahni."

Dhanka waxbarashada, waxaa Galbeedka u degsan in iskuulka iyo gurigu wada shaqeeyaan, iskana caawiyaan waxbarashada carruurta. Waxaa kale oo waalidka looga baahan yahay inuu tago kulammada waalidiinta; haddii ay noqon lahayd kulan guud ama mid gaar ahba. Waa arrin wanaagsan in waalidka iyo macallimiintu wada shaqeeyaan, laakiin waxaa laga yaabaa hal reer oo muslim ah in ilaa dhawr ilmood ay iskuulka u aadaan, dhawrna ay xannaanada aadaan, qaar aan labadaba gaarinna ay guriga joogaan. Waxaa la arkaa in aabbihii shaqeeyo oo aanay u suurto-galeyn inuu dhammaan kulammadii waalidiinta ka qayb galo, hooyadiina aanay ka badin karin inta ay guriga ku hayso.

Dhawr kulan haddii uu waalidkii iman waayo waxaa loo arkayaa inuu yahay qof xoolo-mabaddar ah, sababtoo ah sharcigooda ayaa oranaya waalidkii aan kulammada iman inuu yahay qof aan masuul ilmaha ka noqon karin. Iyagu waxay wax ku miisaamayaan reer leh laba ilmood ee ma oranayaan, "Reerkani carruur badan ayuu leeyahay, sidaa darteed uma suurto-gelayso inuu kulan walba yimaado."

Waxa kale oo aan dhacayn in qaanuun cusub loo dejiyo. Arrinkaa wuxuu reero badan ku keenay inay ilmihii dayacmaan, sidaana ay gacanta uga baxaan, marmarna ay keentoba in ilmihii lagala wareego.

Sidoo kale, waxaa la mid ah isbitaallada oo laga yaabo in ilmihii loo sameeyo ballan dhakhtar. Dhakhtarku wuxuu isagu fiirinayaa maalinta uu firaaqada yahay ee oran maayo, "Reer hebel, tolow, waqti ma helayaan ay ilmaha kuugu keenaan!" Waxaad mar walba la kulmaysaa waalid ka welwelsan ballan dhakhtar oo ay baajiyeen, kaddib markii ay waayeen waqti ay ilmaha ku geeyaan. Waxaa markaa suurto-gal ah in dhakhtarkii iyo waalidkii isku dhacaan, mararna waxayba keentaa in arrinkoodu dacwo gaaro. Mararka qaarkood waxaad ku arkaysaa goobaha caafimaadka hooyo keliya oo wadata dhawr carruur ah; mid ay gaari-carruureedka ku riixayso, mid ay daadihinayso iyo mid dhinac socda. Qofkii aan la socon xaalka wuxuu moodayaa in dhammaan carruurtu wada jirran yihiin. Ma jirranee, waxaa buka uun mid ka mid ah, kaddibna intii kale cid looga soo tago ayaa la waayey, aabbihiina inuu shaqo jiro ama aanuba joogin ayaa laga yaabaa, waxayna noqotay markaa in la soo wada kexeeyo.

Isbitaallada keliya maahane, meel kasta muuqaalkaas waad ku arki; haddii ay noqon lahayd dukaammada, xafiisyada, goobaha la isugu yimaado, goobaha basaska iyo tareennada laga raaco, iwm. Markii aad la kulanto gabar soomaaliyeed oo la harjadeysa koox ilmo ah, oo lagaba yaabo in qaarkood isku nuug yihiin, oo ay hareer walba ka xigaan wejiyo tuban oo aan gacalo u hayn, amaba il quursi ku fiirinaya, run ahaantii maahan muuqaal ku farax gelinaya.

Dhibaatooyinka kala-duwanaanta dhaqanka iyo qaanuunka ee aan qaar xusnay waxay iyana ka jirtaa goobaha shaqada.

Waddammada Galbeedka qaarkood waxaa qofka shaqaalaha ah loo ogol yahay sannadkii dhawr jeer inuu fasax shaqada ka qaato si uu ugu qabsado arrimaha gaarka u ah ee ku yimaada; haddii ay noqon lahayd ilmo ka xanuunsada, geeddi galay, iwm.

Qoyska ka kooban tobaneeyo qof ee ku nool Galbeedka waxaa suurtowda in bil walba arrin cusubi ku timaaddo oo uu waalidku fasax u baahdo. Waxaa aabbayaal badan ku yimaada inay maqnaansho iyo fasax badan dartood shaqadoodii ku waayaan.

Waxaa ka dhaca goobaha shaqada doodo iyo isqabqabsi badan oo ka yimaada dhinacyo badan. Waxaad maqlaysaa su'aalo badan oo la weyddiinayo culummada oo intooda badan ku saabsan khilaaf dhexyaal shaqaalaha iyo loo-shaqeeyayaasha. Qaar waxay leeyihiin, "Waxaa naloo diidey inaan salaaddii jimcaha soo tukanno," qaar kalena, "Waxaa nalagu qasbay inaan khamri iyo wax la mid ah qaadno," kuwo kale oo leh, "Waxaa shaqo naloogu diray goobaha baararka khamriga," iyo wax la mid ah. Shaqaalihii muslimka ahaa wuxuu isleeyahay, "Waxaa lagu xad-gudbayaa diintaada, markaa waa inaad difaacdaa!" Loo-shaqeeyihiina wuxuu ku fekerayaa in qofkani aanu shaqo u baahnayn, illeyn qaanuunka u deggani wuxuu sheegayaa qofkii shaqo loo diro diida inay dambi weyn tahay.

Waxaa taa ka markhaati kacaya dooddii muddada taagnayd ee ka dhaxaysey taksiileyda gobol Maraykanka ka mid ah, una badnaa muslimiin iyo hay'adaha taksiyada leh iyo kuwa ku shaqada leh garoommada. Waxaa la isku qabtay taksiilaydii oo diiddey inay qaadaan dadka khamriga wata, iyagoo ka duulaya xadiiskii Nabiga (s c w) ee lacnadayey qofka khamriga cabba, midka qaada....,⁽¹⁾ iyo nidaamka Maraykanka u yaal oo dhigaya in la qanciyo macaamiisha. Waxaa adkaatay in la iswaafajiyo xadiiskaa Nabiga (s c w) iyo qaanuunka Maraykanka.

Waxaa, sidoo kale isdiidkaasi ka jiraa goobaha waxbarashada; laga bilaabo xannaanada ilaa jaamacadaha. Maadooyinka lagu qaato iskuulada waxaa ku jira kuwo si toos ah uga soo horjeeda Islaamka. Waxaa ka mid ah maaddo ku saabsan diimaha oo la leeyahay waa in ilmuhu bartaa diimaha, waddammada qaarkoodna maaddadaasi waa qasab. Maaddadaa ujeeddada dhabta ah ee laga leeyahay waa sidii loo faafin lahaa diintooda oo waa arrin dacwo ah, carruurtana loogu yeerayo qaadashada masiixiyadda. Waalid badan oo muslimiin ah ayaa isku dayey inay arrintaa ka dhiidhiyaan oo doodo badan ka sameeyey, runtuse waxay tahay inay tahay wax adag inay qoysas yar oo loo arko inay qaxooti yihiin wax ka beddelaan manhaj dawlad u degsan, taas oo, iskaba daa inay joojiyaane raba inay dibadda u suuq-geeyaan oo waddammo kale ku faafiyaan.

Ismaandhaafkaasi bulsho uu ka dhexjiro, sidee uga suurtogelaysaa oo looga filaa in la helo isku duubni iyo isfahan bulshada dhexdeeda ah. Waa culays, run ahaantii, labada dhinacba dareemayaan, qolo walbaana iyadu isla gar leedahay.

Nin madax ka ah shirkad ayaa doodi dhex martay isaga iyo nin muslim ah oo u shaqeeya. Muran soo noqnoqday oo gayeysiiyey in ninkii shaqaalaha ahaa uu shaqadiisii ku waayo. Maalin ayaa maamulihii shirkadda iyo ninkii wada hadleen.

---

(1) *Irwaa'ul Ghalil*, 8/67

Maamulihii shirkaddu waxyaabihii uu ku dooday waxaa ka mid ahaa: "Intaan waddankayagii kuu ogolaannay adigoo qaxooti ah, kaddibna sharci iyo shaqo isugu kaa darnay ayaad markii gaajadii kaa hartay oo murqo kuusan aad la soo baxday annagii abaalka kuu galnay nagula soo noqotay. Waa eygaaga cayili ha ku cunee!" Halka kan kalena leeyahay: "Waa nin aad u xun oo islaamka neceb oo cunsuri ah. Wax kale oo aan muslinnimada ahayn iguma maagin."

Waddammada qaar Soomaalida waxaa looga yaqaan dad mashaqaystayaal ah oo jecel inay dariiqyada istubaan. Sidoo kale, inay yihiin dad aan wax baran, halka qawmiyado kale oo ka soo jeeda waddammada muslimiinta qaar ka mid ah aad maqlayso iyadoo la leeyahay, "Waa dad shaqaysta, waxna barta." Miisaanka ay hay'adaha arrimahaa ku andacoodaa ay baaritaankooda ku saleeyaan waa sida ay iyagu aaminsan yihiin ee ay wax u arkaan, ee kuma jaangooyaan, umana fiiriyaan inay yihiin bulsho kala dhaqan ah, kalana diin ah. Mar walba iyaga waxaa ammaan mudan ciddii qaadata dhaqankooda iyo afkaartooda, si fiicanna ugu dhex-milanta.

Runtii, dadku iskuma jiro oo waxaa la helayaa kuwo badan oo Soomaali ah oo sifadaa la sheegay leh, dariiqyada oo ay ku sheekeeyaan waa kuu roonaan lahayde, qaad iyo mukhaaddaraad godad kula jira. Waxa kale oo la helayaa kuwo badan oo shaqo u heellan, laakiin ama waayey, ama loo diidey iyadoo loo fiirinayo muuqaalkiisa oo raad diineed ka muuqdo, amaba isku qaadi waaya shaqooyin badan oo ay helaan, arrimo diineed dartood.

Kala-duwanaantu waxay, sidoo kale ka timaaddaa habdhaqanka qoyska. Qoyska Galbeedka ninka iyo naagtu waxay u siman yihiin-sida ay leeyihiin-maamulka, dhaqaalaha iyo shaqada guriga. Markaa macnuhu waxaa weeye inaanu reerku hoggaan iyo kala dambayn lahayn. Runtii waa arrin khilaafsan caqliga hagaagsan ee caafimaadka qaba. Waxaa reerka lagu sheegaa dawlad yar, dawladina kama maaranto kala dambayn iyo kala sarrayn. Waxaa la sheegaa in hal maalin oo dawladi madaxweyne la'aan ahaato dibdhaca ku dhaca inuu la mid yahay midka ku dhaca dawlad toban sano musuqmaasuq ku jirtey. Markaa waa sidee xaalka dawlad aan waligeedba madaxweyne yeelan.

Islaamku wuxuu farayaa kala dambayn iyo ismaqal, ilaa uu Nabigu(s c w) ka amray in haddii saddex qof safar wada galayaan ay mid ka mid ah madax ka dhigtaan[1]. Reerka waxaa islaamku u dhisay qaab aan oran karno waxaa tusaale loogu soo qaadan karaa, ama uu la mid yahay midka dawladda. Aabbuhu wuxuu reerka ka joogaa halka madaxweynuhu dawlada ka joogo, hooyaduna waa ku xigeen, halka awlaaddana laga dhigo shacabkii. Reerkii muslimka ahaa oo kala dambayntaa wata ayaa wuxuu marti u noqday bulsho qaab-nololeedka qoysku yahay isfeeryaac iyo kala dambeyn la'aan. Wuxuu nidaamkoodu ka soo horjeedaa qaabka islaamka reerka u ratibay oo ah; Aabbaha-hooyada-carruurta, halka galbeedka lagu sheego; Carruurta -hooyada -aabaha.

Qaar ayaaba carruur iyo reerba ka doorbida ey yar oo uu suuqyada la wareego, gurigana wehel uga dhigto.

---

(1) *Saxiixu Abii Dawud*, 7/363

Shiikh[1] culummada Islaamka ka mid ah oo booqday wadan ka mid ah Galbeedka ayaa waxaa u yimid nin muslim ah oo wadankaa muddo joogey, wuxuuna uga qiseeyey arrin isaga ku dhacday. Wuxuu sheekadiisa ku bilaabay sidatan: "Shiikhow, waxaan degganaa waddan waddammada muslimka ka mid ah. Dhan walba aadaanka masaajidda ayaan ka maqli jirey, salaadahana waan ku tukan jirey. Maanan arki jirin kaniisad iyo saliib toona, dhawaaqeedana dhegtaydu maanay maqli jirin. Runtii, ma haysan nolol aad u wanaagsan, guri weynna kuma noolayn, laakiin gurigayga yar ayaan boqor ku ahaa, xaaskayga iyo carruurtayduna igu hareeraysnaayeen. Waxaan la socday halka ilmahaygu aadayaan iyo cidda ay la socdaan.

Xaalkaa anigoo ku jira ayaa qaar qaraabadayda ka mid ahi ii gacan haadiyeen, waxayna ii qurxiyeen inaan u haajiro waddammada hore u maray oo aan ka helayo nolol, dhalasho iyo nabadgelyo. Taladaa ayaan ku kadsoomey oo waxaan imid Yurub. Waa la i qaabilay, waxaana la i dejiyey guri weyn aniga iyo reerkaygiiba. Aadaankii masjidka waxaa ii beddeley ganbaleelkii kaniisadda, wejiyadii muuminiinta ee ifayey, nuurkana lagu dheehay waxaa ii beddeley wejiyo tuban oo aan farxadi ka muuqan, laakiin raaxadii dhalanteedka ahayd ayaa i halmaansiisay oo iga indho-tirtay inaan arrinkaa si dhab ah ugu dhabbo-galo. Muddo kaddib ayaan xoogaa ku baraarugey xaaladda adag iyo fasahaadka dhulka yaal. Waxaan bilaabay inaan reerkaygii iyo carruurtaydii u baqo.

Maalin maalmaha ka mid ah ayaa albaabkii guriga la soo garaacay, saa waa gabar yar oo leh waxaannu saaxiib nahay oo

---

(1) *Jalsatu maca mughtarib*, 1/14-18.

isku iskuul nahay hebel, waxaanan rabaa inaan u tago. Waan cayriyey oo u caga-jugleeyey, wiilkaygiina waan ku canaantay arrinkaa. muddo kaddib ayaa haddana waxaa albaabka soo garaacay wiil dhallinyaro ah oo leh waxaan saaxiib nahay hebla. Sidii oo kale ayaan eryey, reerkiina waxaan isugu yeeray kulan degdeg ah, waxaanan soo saaray amarro iyo qodobo aan cidina dhaafi karin; waa mamnuuc isdhexgalku...waa mamnuuc in guriga laga baxo illaa in masjidka ama iskuulka la aadayo mooyee....mamnuuc in lala sheekaysto dhallinyarada waddanka ama la raaco, waa mamnuuc.....mamnuuc. Waxaan bilaabay inaan dabo-gal ku sameeyo amarradii aan bixiyey, waxaanan dareemay in arrinkii wax iska beddeley, ilaa ay dhacday masiibadii weyneyd!!

    Maalin ayaan u baxay adeeg si aan u soo iibiyo waxyaalo guriga looga baahnaa. Markii aan ku soo noqday gurigii anigoo adeeggii la ciiraya, mise boolis ayaaba gurigii jooga! Waan yaabay oo aan is iri, "Tolow ma gurigii ayaa wax ka dheceen, mise tuugo iyo balaayo kale ayaa soo weerartay oo kuu dabo-martay?" Illeyn aniga ayaaba la i sugayaa! Intii aan maqnaa ayaa xaaskaygii iyo gabar aan dhalay booliskii la xiriireen, waxayna u gudbiyeen cabasho dhan iga ah oo oranaysa inaan xorriyaddii ka qaaday oo aan si xun ula dhaqmo, gurigana u diidey in asxaabtoodu ku soo booqdaan, iwm.

    Booliskii arrintii ayey ii soo gudbiyeen, wayna i kexeeyeen, wax yar kaddibna maxkamad ayaa la i saaray, waxaana la igu xukumay Saddex sano. Reerkaygii iyo carruurtaydii Caddaaladdii (!!) waxay dejisey guri weyn oo ku yaal magaalo kale oo aan ahayn middii la igu xiray, reerkuna ii degganaa. Ilaa hadda ma aqaan cinwaankooda, la iimana ogola inaan la xiriiro, xaalkoodana kama warqabo."

Miskiinkaasi wuxuu illaaway inuu joogo waddan la yiri, "Qof walbow xumaanta xor ayaad u tahay oo waxaad doonto ayaad samayn kartaa, wixii wanaagsanna wixii ay bulshadu kula qaadato mooyaane cidna kuma qasbi kartid," halka uu isagu ka yimid wadan wixii wanaagsan xor loo yahay, wixii xunna qof kasta ay saaran tahay inuu ka hortago.

Wuxuu, malaha maskaxda ku hayey xadiiskii macnihiisu ahaa: "Ninka reerkiisa ayaa la raaciyey, isaga ayaana la weyddiinayaa aakhiro."[1] Ma oga in masuuliyad iyo ragannimo ay ugu dambaysey markii uu waddankiisii ka soo tegey, haddii uu labo-xiniinyood ahaana uu xiniinyihiisii soo aasay, haddana aanu cidna masuul ka ahayn ee ay yihiin uun dad xaafad ku wada nool, qof walbana meel kale looga taliyo.

Kala-duwanaanta dhaqanku waxay keentaa in la isku diimo oo qoloba qolada kale eedda dusha ka saarto. Waxaa ka yimid ismaandhaaf xoog leh oo qaarkoodba ay sababeen dhimasho iyo waxaan ka dhicin. Hore ayaa EEBBE weyne Quraankiisa inoogu sheegay aayad macneheedu ahaa in qolo walba waxay haystaan ay ku faraxsan yihiin oo uu la bilan yahay.[2] Aayaddaa arrin aad u ayidaysa oo gabari ka sheekaysay ayaan inoo sheegayaa. Qisaduna waxay ka warramaysaa laba qolo oo kala dhaqan duwan iyo waxa kala qabsaday.

Waxay tiri, "Waxaan ka mid ahaa dadkii u qaxay Kenya

---

(1) *Saxiixu al-adabu Al-mufrad Lil-bukhaari*, 1/91
(2) Suurat Al-Mu'minuun 53

dagaalladii sokeeye kolkii ay dheceen. Waa dambe ayaa naloo raray xero Kaakuma la yiraahdo oo dhanka Galbeed ee Kenya ku taal. Waxaa dhulkaa deggan qabiil Turkaana la yiraahdo oo dhaqan u leh qaawanaanta oo aan dharba isku lurin. Aniga iyo laba ilmood ayaa suuqa inta naloo tilmaamay "ka soo adeega" nala yiri. Waan xijaabanahay, saa gabar muslimad ah ayaan ahaye.

Dhegtaan ka maqli jiray reerkan qaawanaantu dhaqanka u tahay, welise shaahid maanan oran. Waxaan arkay rag sida gacantaydaa ah iyo dumar harag yar uu cawrada keliya u saaran yahay. Alla naxdin weydaa! Hadba waxaan dhinac isku qaado oo aan wejiga mid qaawan uga dadboba, suuqii ayaan gaarey. Nin reerkaa ah, laakiin iska reer magaaloobay oo dhar qaba ayaan ku leexday si aan khudaar uga gato. Wax yar markii aan taagnaa oo aan ninkii wax ka beecinayo ayaan maqlay ey si daran u qaylinaya. Waan jalleecay anigoo isha la baqaya oo is leh amaad mid qaawan isha ku dhufataa. Waa ey Ilaah weynaan u dhiibey oo miciyaha isku lisaya, xaggaygana u soo afar-qaadlaynaya. Eygii igu yimid, gartayna inuu aniga ii socdo oo uu ii dan leeyahay.

Ninkii khudaarlaha ahaa ayaan inta naf moodey dhankiisii u cararay. Waxba yaanan war kugu daaline, cabbaar markii aan aniga iyo eygii ninkii iskula wareegaalaysanney, ninkiina aan ku leeyahay, "War igala hadal," ayuu ninkii la hadlay, saa wuu istaagey isagoo carada ka muuqata hinraagaya. Ninkii wuxuu yiri, "Waa lagugu soo diray eyga, wuxuuna rabaa inuu dharka kaa siibo, waayo waxaa laga xanaaqsan yahay dharkan waaweyn ee aad sidato, marka haddii aad bedbaado rabto dharkan iska siib. Ninkii ayaan ku calaacalay, waxaanan wacad ugu maray inaanan mar dambe soo laabanayn. Ninkii eygii iga celi, anigana inaan cararo oo aan mar dambe suuqa la igu arkin ayuu igu amray. Cagaha ayaan wax ka dayey anigoon dhanna eegin, waxaanan xaafaddii ku noqday anigoo dhidid iyo dheecaanba iga dhammaadeen."

Arrinkaasi miyaanu muujinayn sida dhaqanka iyo caadadu ay aadanaha u kala geeyeen. Dadkaasi waxay ka caroodeen gabadhaa dhaqankoodii khilaaftay oo diiddan inay suuqa dhar la'aan ku marto.

Waxaa, iyana, la ii sheegay in dhawr nin ay isku ballansadeen inay soo booqdaan reer ay ehel wadaageen. Waa waddan ka mid ah Galbeedka. Reerkii waa lala sii hadlay, waxaana loo sheegay inay ku soo fool leeyihiin. Hooyadii reerka iyo gabar inan ah oo hanaqaad ah oo ay dhashay waxay bilaabeen inay gurigii kala hagaajiyaan, martidana ay sooryo u diyaariyaan. Aabbe ragga soo dhaweeya ma jiro oo waa hooyo keliya.

Martidii albaabkii soo garaace, saa inantii ayaa inta halhaleel u kacday albaabkii aaddey oo Af-soomaali jajaban ku weyddiisey cidda ay yihiin. Raggii isu sheeg inantiina garatay. Albaabkii ayey furtay oo luqaddii waddankaa ku tiri, "soo dhawaada," iyadoo dhoollo-caddanaysa. Raggii iyagoo anfariirsan ayey, iyagoo mid cawdubillaysta iyo mid indhaha taaga isugu jira, dib u joogsadeen. Inantii yaabtay, fahmina weydey waxa dhacay oo raggu ka diday. Hooyadii oo hadalka ragga maqashay ayaa shanqar weydey. Iyadoo is leh aad eegtid waxa dhacay ayey isha ku dhufatay inanteedii oo funaanad iyo surwaal yar oo ku dheggen, jilbahana u dhaafayn ku taagan oo iridkii liqdaaran. Qaylo iyo habaar intay isugu dartay ayey ku tiri, "Ka hor dhaqaaq ragga oo orod dhar soo gasho!"

Waa gabar yar oo dhulkaa ku kortay oo aan war iyo wacaaloba u hayn waxa laga hadlayo. Iyadoo yaabban oo is leh meel ayaa lagaaga dhacay ayey qolkeedii u sii luudday iyadoo ku guryamaysa, "Ma anigaa qaawan."

Qaawanaanta sida ay gabadhu u aragto iyo sida hooyadeed iyo martidu u yaqaanniin ayaan islahayn. Waxaa la arkaa inay maanta oo dhan ay gabadhaa yari ka fekeraysey dharka ay u xiran lahayd soo dhawaynta martida. Waxaa laga yaabaa inay ku soo dhacday sheeko ay saaxiibteed uga sheekaysay jeer martiyi soo booqatay iyo dharkii ay u xiratay, markaana ay is tiri, "Allaylehe sidii saaxiibtaa adiguna yeel oo u lebbiso."

Waa wax macruuf ah in dhulalka Galbeedka ay caadi tahay in gabadhu ku lebbisato dhar aan qaawanaan waxba dhaamin, marka gabadhaa yari haddii ay yeeshay sida ay asxaabteeda oo dhan yeelaan miyay ku gaftey, tolow? Yaase arrinkaasi inuu dhaco loo saarinayaa? Wax isma yeeleena dad yaa u kala warrama!

Waxaa muuqda in bulshooyinku ay ku kala geddisan yihiin qaabka qolo waliba u lebbisato. Ha jirto oo waa dhab in qolo la majiirto oo lagu daydo ay jiraan, iyadoo loo haysto inay yihiin kuwo dadka kale wax dheer. Cidda hadda dunida hogaanka u haysaa waa reer Galbeedka, iyagana dhar-xirashadoodu waa mid aan la iska waraysanayn oo la wada ogsoon yahay. Sidaasba ha ahaatee, in gabar Soomaaliyeed uu jirkeedu muuqdaa, gaar ahaan inta islaamku cawrada u yaqaan ma haddaa u hor ah? Waxaan maqalnaa wax cawro la yiraahdo, qofkana lagu dagaalo haddii uu banneeyo, marka maxaa dhaqanka Soomaaliyeed cawro loo yaqaanney, marka aannu eegno dhanka haweenka. Bal aan suugaanta uga raadinno wax daliil ah oo ina tusinaya sida gabadha Soomaaliyeed ahaan jirtey oo ay u lebbisan jirtey. Suugaanteenna aad ayey ugu badan tahay in lagu tilmaamo dhaqankii inanta Soomaaliyeed; haddii ay ahaan lahayd akhlaaqdeeda, qaab-nololeedkeeda, dhar-xirashadeeda, iyo wixii la mid ahba. Gabyaa Soomaliyeed ayaa, isagoo sheegaya, malaha mar lagu tuhmay inuu baryahan ka gaabiyey gabayadii uu marin jirey, sababaha uu ugu muhan waayey inuu gabay sii wado wuxuu ku dacwiyey arrimo dhawr iyo toban ah oo uu uga gaabsaday inuu gabay tiriyo.

Waxaa tixdiisa ka mid ahayd oo uu ku soo qaatay:
Gabdheheenna waxaa lagu yiqiin haybad gooniyahe
Goshay xiran jireen iyo maryaha loo garraarsado'e
Gobna waxay ahaayeen intay guudka dabayeene
Gayaankooda lama laactamayn goor iyo ayaane
Maantana gad baa lagu arkiyo guuldarriyo ceebe
Adigoo gidaar uga horyimid kaama gudayaane
Garoob waalan iyo waxaa ka haray goroyo food-dheere
Hiddihiina waa garab mareen gaan ahaan jiraye
Timihii gadaf bay ka dhigeen madax ganbuul weyne
Iyadoon ninnaba guursan bay wada ganbaysteene
Haweenkeenna dhaqankii geddiyey wawga gaabsadaye[1]

Gabyaagu wuxuu gabaygiisa inoogu cabbiray oo aan tixda uga dan lahayn lebbiskii gabadhii Soomaaliyeed siduu ahaa. Wuxuu inoo sawiray inan gob ku ahayd, qiimana ku lahayd dhawr arrimood. Midka hore gabar lebbiskeedu ahaa Guntiino oo intay garraarsato labada dacal ee guntiinada deegta hal dhinac ku xirato, dhanka kalena uu u bannaan yahay. Midda xigta, gabar timaha dabata oo aan ganbo saarin in la guursado mooyaane, xishoodkana aan ragga la

---

(1) www.doollo.com

farafootamin. Haddii lebbiskii gabadhii Soomaaliyeed uu sidaa ahaa, qolada hadda dhaqanka iyo hiddaha u ololeeyaa maxay markaa ku maagayaan oo ay u dhaleeceeyaan midda hadda sarwaalka ku taagan, timahana bannaysatay. Maahan dooddoodu waxay hablahaasi ku xad-gudbeen sharcigii ee waxaa weeye caadadii ayaad garab marteen iyagoo xujo ka dhiganaya maahmaahda caan baxday ee oranaysa: Caado laga tagaa caro Alle ayey leedahay. Sidaas oo kale, ayey dadka qaar ugu sheegaan gabdhaha xijaaban inay ka leexdeen dhaqankii iyo hiddihii gabadha Soomaaliyeed, iyagoo ku doodaya in dharkani dhaqan carbeed yahay, dadka sidaas lihina waa qolo aqoon loo tiiriyo, mid maaddi ahba ha ahaatee, welibana fagaare la isugu yimid ayey khudbado dhaadheer ka jeediyeen. Qoladaa dacwadoodu waxba ma dooriso midda ay ku doodaan hunuudda dhulalka Galbeedka ku nool ee gabdhohooda u diiddan inay qaataan waxaan ka ahayn liishada ay caadada u leeyihiin.

Magaalooyinka waaweyn ee Yurub iyo Ameerika markii aad meelaha qaarkood tagto waxaad arkaysaa gabdho yaryar oo aan qaarkood shan iyo tobanba gaarin oo aad ka naxayso sida ay u lebbisan yihiin. Waxay qaarkood buro dheer yihiin kuwii gaalada ahaa. Wiilasha qudhoodu kama sokeeyaan oo waxaa muunad u ah, oo ay uga daydaan dhar-xirashada barbaarta waddammada ay ku nool yihiin.

Iskuulku Waa Goob
Ilmaha Lagu Barbaariyo

Ilmuhu meelaha uu tarbiyadda ka qaato waa dhowr meelood, haba kala darnaadeene; Waa guriga uu ku noolyahay, bulshada uu ku dhex nool yahay iyo goobaha waxbarashada. Saamayntu hadba waxay ku xiran tahay sida ay saddexdaa macallin -guriga, deegaanka iyo goobta waxbarashada- ay u kala firfircoon yihiin. Hadba kii khabiir ku ah sida ilmaha loo hanto, haystana wixii u fududaynayey, ayuu raacayaa.

Xoogaa waxaan wax ka soo sheegnay deegaanka iyo qoyska ilmaha gacanta ku haya, bal haddana aynu wax ka taabanno goobaha waxbarashada. Waxaan dhihi karnaa casrigan la joogo meelaha ugu muhiimsan ee ilmaha saamaynta ku leh waa iskuullada.

Ilmuhu wuxuu u haystaa in iskuulku yahay meesha keliya ee mustaqbalkiisa gacanta ku haysa, taas ayaa keenta inay isugu sheekeeyaan inay waxbartaan si ay mustaqbalka shaqo fiican u helaan. Waa sax oo arrinkaana waalidku waa ku raacsan yahay, waana iyaga subaxdii ku kallihiya carruurta iskuulka. Saaxiibka rasmiga ah ee uu iskuulka ku leeyahay waa macallinka, waana qofka uu ugu nugul yahay, wuxuu u sheegona aanu hadal ka soo celin.

Tarankii Qurbaha Tagey

Baaritaan la sameeyey waxaa lagu tilmaamay in ilmuhu waalidka iyo macallinka, markii la isbarbar dhigo, uu si aad ah ugu kalsoon yahay macallinka, taasina waxay keentay inuu macallinku noqdo sirtii ardayga, markaana ay u fududaato inuu si sahlan ku hanto qalbigiisa iyo taladiisa.

Mar walba ardaygu wuxuu ku xiran yahay dareenka macallinkiisa. Wuxuu macallinkiisu ugu sheego xumaan, ama wanaag ayaa isagana la ah. Barayaasha waa la sii kala jecel yahay oo mar walba carruurtu waxay la haysaa, aadna ay u jecel yihiin midka dareenkooda kiciya oo soo jiita, halka aanay xiisayn midka maaddada uu dhigo keliya ku kooban, markii uu soo galona intay isgundhiyaan ayey buuq iyo hunnu-hunnu bilaabaan.

Sidaas oo ay tahay, carruurta iyagu ka soo jeeda jinsiyadaha kale- markii aan ka hadlayno reer Galbeedka- ha ahaadeen muslimiin, ama kuwo kaleba, waxay dheer yihiin kuwa waddanka u dhashay casharro dheeraad ah oo loogu talo-galay. Waxaa laga rabaa in ay ka soo guuraan dhaqankoodii oo midkan cusub ay la fal-galaan. Waxaa badan in carruurta aan muslimiinta ahayn aan dhib badan lagala kulmin oo ay durbaba ajiibaan waxa loogu yeerayo, halka, laga yaabo, ardayga muslimka ah ee uu guriga u joogo macallinka kale ee aashuun-ku-addinka ahi inuu xoogaa iscelceliyo, kaddib meel ay doontaba ha la gaartee.

Dagaalka ugu weyni wuxuu haystaa waa gabdhaha muslimiinta ah, gaar ahaan lebbiskooda. Wiilka waxaa laga yaabaa inaanu waxba doorin xagga lebbiska wiilka aynigiisa ah ee ay isku iskuulka yihiin. Gabadhii xijaab iyo isasturid lagu arko, geeskaa la geliyaa oo waa la takooraa. Ma filayo in haddii macallinku arrinkaa hor-istaagi lahaa, una sheegi lahaa aradaydiisa inay xorriyaddu tahay in qof walba siduu doono u lebbisan karo oo uu xor yahay ay ku dhiiran lahaayeen weerarkaa caddaanka ah. Iskaba daaye, waxaa laga yaabaa inuuba isagu tuso oo hortooda ku weydiiyo sababta ay xijaabka, ama khimaarka u qabto.

Qiso taas oo kale ah ayaa gabar yari uga sheekaysay aabbeheed. Aabbuhu wuxuu yiri, "Maalin iyada oo ay ila socoto gabar yar oo aan dhalay ayey, annagoo sheekaysanayna, waxay iiga warrantay gabar Soomaaliyeed oo ay iskuulka isla dhigtaan. Waxay tiri, `Aabbe, heblo waxay xiran jirtay khimaar, haddana waa iska dhigtay. Markii ay timaha soo qaawisey waxay yeelatay saaxiibbo badan.'"

Gabadhaa yari waxay caddaysay in gabadhii rabta inay asxaab yeelato ay tahay inaanay xijaab qaadan. Waxa kale oo ay muujisay inaanay iyadu saaxiibbo lahayn xijaabka darti. Laakiin waxaa isweyddiin mudan inay gabadha yari ka xun tahay gabadhaa xijaabka dhigtay, iyo inay u qabto inay caqabad ka gudubtey, horumarna gaartey oo ay mudan tahay in lagu daydo.

Wuxuu ilmuhu aaminsan yahay waxa iskuulka looga sheegaa inay sax yihiin. Afkaarta ay iskuulka ka soo xanbaaraan labo dhan ayey ugu timaadda: Tan hore waa macallinkiisa, meesha labaadna waa carruurta aynigiisa ah ee ay isku iskuulka yihiin. Ardaygu macallinkiisa wuxuu u arkaa inuu ka cilmi badan yahay, ka caqli roon yahay, ka weyn yahay, wax walbana uu ku dhaamo. Markaa wuxuu isku deyayaa inuu wax kasta kaga daydo, wuxuu u sheegona aanu kala reebin ee uu duudduub u qaato.

Qalbiga ilmuhu waa saafi, wuxuuna la mid yahay maro bafto ah oo aan naqshad lahayn, markaana naqshaddii la doono la mariyo, wuxuuna aqbalayaa wax kasta oo lagu naqshadeeyo. Haddii khayr lagu barbaariyo sidaa ayuu ku korayaa, haddii shar lagu barbaariyona iyada ayuu ku barbaarayaa.

Mar haddii tarbiyaddii ilmuhu ay ku xiran tahay macallinkiisa, waxaa isweyddiin leh sida ay tahay tarbiyadda taal waddammada Galbeedka. Intaannan jawaabtaa gelin ayaa waxaa habboon in la ogaado macnaha tarbiyaddu wuxuu yahay.

Qolo walbaa waxay samaysataa manhaj ama qawaaniin ay raacaan, una maraan tarbiyadda ilmohooda, waxayna u arkaan haddii ay jidkaa ka leexdaan inay lumayso xaddaaraddii iyo ilbaxnimadii ummaddaas. Sidaa darteed, ujeeddada tarbiyaddu waa in la dhiso qofka laga soo bilaabo jiritaankiisa, si uu u guto kaalinta kaga aaddan nolosha, una noqdo mid ka bixi kara isgedgeddiga nolosha iyo turaanturrooyinka ku iman kara. Siyaabo kala duwan ayey culimada tarbiyaddu ku fasireen macnaha tarbiyadda, inkastoo uu macnuhu isu imaanayo.

Qaarkood waxay ku fasireen: Waa dedaalka ay ku bixiyaan kuwa wax tarbiyeeya iyo waalidiintu si ay u soo saaraan jiil cusub, iyagoo tarbiyaddooda gundhig iyo asaas uga dhigaya aragtida ay aaminsan yihiin. Si kastaba ha lagu fasiree, ka bixi mayso sidii la iska dhaxlay ee culimmadii hore ku fasireen, waana ku dedaalidda dhisidda qofka, laga soo

bilaabo carruurnimadiisa si uu u noqdo qof dhammaystiran caqli ahaan, naf ahaan, jir ahaan iyo caafimaad ahaanba, iyadoo loo marayo aragtida iyo waxa ummaddaasi aaminsan tahay.[1]

Hadda waxaan heli karnaa jawaabta su'aashii hore ee ay ahayd waa maxay tarbiyadda taal dhulalka Galbeedka. Jawaabta oo kooban waxay noqonaysaa; tarbiyadda taal galbeedka waxaa asaas u ah mabda'a ay aaminsan yihiin ee ku dhisan in ilmaha lagu tarbiyeeyo tarbiyad aan wax lug ah ku lahayn diin iyo akhlaaq, ama anshax xaddidan. Macnuhu waxaa weeye, in qofku siduu doono u dhaqmi karo marka laga reebo wax qof kale xuquuqdiisa wax u dhimaya, laakiin wixii naftiisa ku saabsan wuxuu xor u yahay wuxuu doono, halka Islaamku cid walba xaqeeda ilaaliyey, laga soo bilaabo qofka naftiisa ilaa bulshoweynta.

Ilmaha markii iskuulka la geeyo waxa ugu horreeya oo la baraa waa inuu kalinnimada ka baxo oo uu lammaane yeesho, iyadoo lagu dhiirriggelinayo in labo labo loo fariisto, ama loo shaqeeyo. Ilmuhu ilaa toban markii uu gaaro ee uu fikraddaa aqbalo waxaa loo tusayaa inuu lamaane yeesho inay tahay wax noloshiisa ka mid ah, ilmihii iska soo taagana waa lagu ceebayn, waxaana la isugu warramayaa inuu yahay qof wax si ka yihiin.

Si ilmihii loogu tuso wax aan dhib lahayn, waxaa la barayaa waxyaabaha ku saabsan Jinsiga, waxayna qaataan maaddo ku saabsan hawshaa iyadoo lagu andacoonayo inay ka hortagayaan cudurrada faafa iyo in si khaldan ay ardaydu

---

(1) *Majalatu Al-Jaamacatu Al-Islaamiya Al-madiinatu Al-Munawara*, 74-83

isu isticmaalaan. Waxaaba i soo gaartey in iskuullada qaar si ficil ah loo tuso oo, ama labo arday inta la soo kiciyo, ama labo macallin ay matalaan, ardayda hortoodana ku sameeyaan waxyaabo ardayda kale dareenkooda kicinaya. Kuwa ka yare baqa fasalka hortiisa inay ku sameeyaan waqtiga biririfta ayaa lagu arkaa iyagoo laababka iskula jira, arrinkaana waxaa xogteeda heli kara dadka ka shaqeeya iskuullada.

Waxaa jira waddammo badan oo Yurub ah oo lagu soo rogey sharci cusub oo oranaya in iskuullada lagu soo daro maaddo cusub oo lagu baranayo dhaqanka iyo qaab-nololeedka qoladan ku ibtilowday dhaqankii reer Qawmu-Luud ee raggu is-naagaysto! Sida Galbeedka caanka ka ah, waxaa reer ama qoys loo yaqaan nin iyo naag, labo nin oo isnaagaysta, ama labo naagood. Waxaa la og yahay in labo nin ama labo naagood aanay ilmo isu dhaleyn, sidaa darteed, waxaa loo ogolaaday inay korsan karaan ilmo aanay dhalin. Waxaa dhacda in, ilmahaas markii iskuulka la geeyo, ay kala kulmaan carruurtii kale takoorid. Halkaa waxaa ka dhashay in maaddadaa lagu soo daro, si ilmaha kale looga dhaadhiciyo in arrintani ay tahay wax caadi ah oo aan ceeb lahayn. Qorshahaas waxaa kale oo ku jira in barayaasha iskuullada la siiyo siminnaarro ku saabsan sidii ay ardayda uga dhaadhicin lahaayeen in arintani tahay wax aan dhib lahayn, buugaag arrintaa ka hadlaysona la dhigo maktabadaha si carruurta iyo dadka kaleba uga heli karaan. Macallimiinta dhigta dugsiyada dhexe iyo kuwa sare iyaga waxaa la siinayaa buugaag arrimahaa khaas u ah. Arrintaa iyo wax ka daraniba waxay ka socdaan goobaha waxbarashada.

Qofka caqliga u saaxiibka ahi wuxuu fahmi karaa ujeeddadu inaysan ahayn oo keliya inaysan caruurtu takoorin caruurta kale, laakiin la doonayo in ay bartaan oo caruurta laga

dhex abuuro dadka sida Qawmu Luudka u dhaqma! Tolow wax badan ayaa wiil dhalashadii lagu farxaye, amaa laga naxaa wiilal badan dhalashadooda haddii xaalku sidan kusii socdo?

Dhanka kale, waxaa iskuullada waddammadan Galbeedka ay gabdhuhu isku caayaan oo isku liidaan in gabadhu bikro tahay. Gabar yar oo saamaali ah ayaa maalin waxay u timid hooyadeed iyadoo barooranaysa, waxayna u sheegtay in maalin walba lagu caayo inay bikro tahay, sidaa darteed ay garan la'dahay wax ay samayso. Dhibkaasi ma ahan mid gabadhaa keliya haysta ee waa mid ay la wadaagto gabar kasta oo muslimad ah oo iskuulladaa wax ka barata. Intee gabar dabaysha raacday markii ay u adkaysan kari waydey culayskaa kaga imanaya dhan walba oo bulshada ah.

Qiso aan ka dhegeystey Muxaadaro uu jeedinayey Sh. Maxammed Idiris ayaa wuxuu ku sheegay gabar yar oo Soomaaliyeed oo, iyadana, dhib kaa ka duwan uu qabsaday. waxay ahayd gabar lagu yaqaanney inay xijaabato. Maalin ayaa waxaa la arkay gabadhii oo madax qaawan oo xijaabkii dhigtay. Waa la weyddiiyey waxa ku kallifey, waxayna gabadhii yarayd ku jawaabtey, "Maalin walba markaan iskuulka tago ayaa waxay ardaydu i weyddiiyaan sababta aan timahayga u qarinayo, illaa markii dambe ay i dheheen, ' timahaaga ayaa fool xun sidaa darteed ayaad u qarinaysaa.' Marka, maanta waxaan rabey inaan tuso inaanay timahaygu foolxumayn, markii ay arkeenna waxayba yiraahdeen,' haddii sidan timahaagu u qurxoon yihiin maxaad u qarinaysaa!?'"

Waxaa iyana sidoo kale waddammada qaar iskuullada laga siiyaa ardayda casharo ku saabsan maaddada jinsiga. Meelaha qaarkood markii ardaygu gaaro fasalka sagaalaad

Tarankii Qurbaha Tagey

ayaa waxaa la siiyaa buug arrimahaa ka sheekaynaya oo waliba masawirro ku muujinaya. Wiil markaa dugsiga sare dhammeeyey ayaa wuxuu ii sheegay in mararka qaar ardayda la geeyo meel ay yaalliin sanamyo rag iyo dumar loo ekaysiiyey oo ardaygii rabaa uu fal ahaan arrinkaa u samaynayo. Waxaa la arkaa in qarkood muuqaal ahaan loo tuso, amaba, sida isoo gaartey haddii ay run tahay, in macallimiinta qaarkood; nin iyo naag ka mid ahi ay ardada hortooda ku sameeyaan. Waxaa la arkay arday badan oo wata waraaqo ay cinwaanno ku qoran yihiin, markii la baarayna la ogaadey inay yihiin kuwa xumaanta soo daaya.

Bariddaa ka sokow, waxaa soo baxday in iskuul walba, ha kala badnaadeene ay ka dhacaan faro-xumayn ay macallimiintu ku sameeyaan carruurta. Canada ayaa Sh. Maxammed Rashaad wuxuu ka sheegay wiil yar oo qoys muslim ah ka soo jeeda, laguna kari waayey iskuulkii, iskana soo taagey. Arrinkii markii baaritaan lagu sameeyey wuxuu wiilkii sheegay inuu macallinkiisii maaro isaga la' yahay, mar kastana uu ku yiraahdo, "na keen musqusha ayaan galeynaaye," markii uu diidona uu ugu hanjabo in imtixaanka la ridi doono, ama iskuulka laga eryi doono. Arrinkii markii loo dhabbo-galay waxaa la ogaaday macallinkaa keliya inuu faro-xumeeyey carruur badan.

Dad badan ayaa u qaba in carruurtu iskuulka waxbarasho keliya u aadaan oo aan war iyo wacaalo ka hayn waxa goobaha waxbarashada ka socda, taasina waxay keentay in la arko waalid badan oo calaacalaya goor ilmihii faraha ka baxay oo uu xumaantii bartay, una noqotay balwad aan laga goyn karin.

Maahan macallimiinta oo qura dadka looga baqayo

xumaanta ka dhacda iskuullada, laakiin waxaa jira dad badan oo lug ku leh iskuulka. Waxaa ka mid ah kuwo u qaabilsan wixii dayactir ah, kuwo waardiye ah, iwm. Waraabe ayaa laga sheegay sheeko afka loogu tiray oo oranaysa, "Weligeey neef ii dagan oo aan cuni karo isma oran, ma cuntaa mise waad iska daysaa!" Waa sidaas oo ma jirto cid dhaafaysa ilmo dagan haddii aanu ka baqayn il kale oo dhawraysa, ama kaamaro meelaha ku dheggan. Nin Galbeedka ku nool ayaa laga sheegay inuu yiri, "Haddii aanan booliska, ama kaamarooyinka meelahaa ku dhaggen ka baqayn waxaan doono ayaan samayn lahaa, xataa haddii ay noqon lahayd inaan qof nool dheriga ku rito oo aan karsado."

Iskuul xaflad lagu lahaa ayaa goortii xafladdii dhammaatay dadkii kala-tegid isu diyaariyeen. Waxaa la galay alaab uruursi, sidii loo kala saan fududaana waa loo kala hormaray. Nin waardiye ahaa ayaa fursad u helay inuu gabar yar oo 7 jir ah ku yiraahdo, "Na keen hoos ayaan aadaynaa, wax badanna qaadan mayso waa shan daqiiqo oo keliya, kaddibna waxaad helaysaa dhalo sharaab ah." Wuxuu u sheegayba, gabadhii yarayd wuxuu ku qalqaaliyey inay raacdo, kaddibna wuu faro-xumeeyey. Wax qarsoomi kara ma ahayne, isla markiiba xaalkii waa fashilmay.

Waddammada qaar iyagu waxayba ku caan baxeen in harka cad ilmaha jidka laga afduubo. Ingiriiska ilmaha waxaa loo raacaa sidii xoolihii oo waa inaad gacanta haysaa. Iskuullada ku yaal iskuulkii aan todobaadkii ilmo dhigta aan jidka wax lagu gaarsiin, sigashaba ha ugu yaraatee waa mid hoodo iyo ayaan leh. Waxaad arkaysaa waraaqo carruurta iskuulka looga soo dhiibayo oo la leeyahay, "Ilmo ayaa shalay ku sigtay in la afduubo, ama mid ayaa la waayey, sidaa darteed ilmaha ha la ilaaliyo!"

Carruurta oo la xoogo, ama la af-duubo waxaa iyana ka daran xoog kale oo dahsoon oo aanay dad badani ku baraarugsanayn. Waa xoog maskaxda ah oo ilmihii caqliga laga xadayo. Waxaa la haystaa wax kasta oo ilmo lagu sasabi karo. Innagu waxaynu naqaannay nacnac iyo wax la mid ah, laakiin halkan waxaa laga yaabaa lacag iyo dhar iyo wax kasta oo ilmaha la weynba inay helaan.

Arrimahaas waxay keeneen in carruur badani xumaadaan oo ay dhex boodaan wax kasta oo iskuulka lagu sameeyo oo faaxishada iyo daroogadu ugu horreeyaan. Xagga faaxishada ama sinada, Iyadoo wiilasha iyo gabdhuhu isla mid yihiin ayaa haddana waxaa gabdhaha u sii dheer, marka laga reebo welwelka ah in la ogaado, cabsi ah inay uur qaadaan, arrinkaa oo aanay wiilashu ka baqdin qabin.

Muslimiin ka shaqeeya isbitaallada ayaa waxay soo weriyeen in baaritaan laga sameeyey Norway 2005 lagu ogaadey in 184 gabdhood oo ka yar 16 sano ay uur qaadeen, 48 ka mid ahina aanay 14 sano gaarin. Waxaa sidoo kale la caddeeyey in hablahaa badankoodu ka soo jeedaan qoysas muslimiin ah. Dhammaantood ilmihii waa laga soo ridey. Baaritaankaasi waa inta la diiwaan geliyey, laakiin waxaa badan kuwo si qarsoodi ah isaga soo rida oo, ama dhakhtar khaas ah u taga, ama dad arrimahaa waayo arag ku ah la kaashada.

Sharciga Norway wuxuu dhigayaa in haddii gabar ka yar

16 sano ilmo laga soo tuurayo in waalidka lala socodsiiyo, waxaana mamnuuc ah in ogaysiin la'aan ilmahaa la soo rido. Mar hadii la ogyahay in arrinkaa Islaamka mamnuuc ka yahay, waxaa la goostay in gabdhaha muslimiinta ah aan waalidkood loo sheegin iyadoo lagu andacoonayo in laga yaabo inay gabdhuhu dhib kala kulmaan eheladooda. Arrinkaa dood adag ayaa ka aloosantay, waxaana loogu kala baxay laba qaybood; qayb leh waa inaan arrinkaa qarinnaa si aan gabdhahaa u bedbaadinno naftooda iyo rabitaankoodaba.

Qaar kale waxay leeyihiin arrinkaasu waa sharciga oo la jebiyo, marka waa in aan raacnaa qawaaniinta waddanka u degsan oo waalidiinta arrinkaa la ogeysiiyaa. Dooddaasi waxay ku soo gabogabowdey in qoladii wax ha la qariyo lahayd ay ku xoog roonaatay. Isla sannadkaa, waxaa qaybta caafimaadka ee arrinkaa u xilsaaran lagu faray in gabdhaha muslimiinta ah loo sameeyo xarumo gaar ah, isla markaana daryeel gaar ah la siiyo, arrinkana loo fududeeyo.

Su'aasha iman kartaa waxaa weeye: Tolow, waa maxay daryeelka gaarka ah ee ay gabdhahaasi helayaan oo aanay qolada kale helayn? Ma dhaqaalo ha la siiyaa, mise waa wax kale? Muxuuse noqonayaa fasirka kalmadda ah: "Ha loo fududeeyo!"

La iskuma hayo in iskuulku yahay seef labo af leh, mar walbana sida uu noqonayo ay ku xiran tahay hadba dadka wax ka dhigaya ee tacliinta gacanta ku haya. Haddii la yiraahdo iskuul hebel waa fiican yahay, ama waa xun yahay, macnuhu maahan dhismaha ayaa wanaagsan, ama xun ee waxa loola jeedaa cidda wax hagaajisaa ama wax doorisaa waa cidda joogta ee barayaasha ka ah iyo waxa laga dhigayo.

Ilmuhu maskax ahaanna uma bedbaadayo oo waxaa

qalbigiisa lagu gurayaa wax diin iyo akhlaaqba ka fogeynaya, jir ahaanna inaanu u bedbaadin ayaa la arkaa oo, sidii aan soo xusnayba, waxaa suurtowda in laga dhawrayo, ama laga ilaalinayo macallinkiisii wax barayey.

Dhanka kale marka laga eego, waxaa laga yaabaa inuu waalidku sababo in ilmuhu ku fashilmo iskuulka. Waxaa suurtowda ilmihii oo fiican, waxbarashadiisana ku dedaalaya in reerku u guuro waddan kale. Macallin Soomaali ah, kana mid ah macallimiinta wax ka dhigta iskuul ka mid ah dugsiyada sare ee Ingiriiska ayaa iiga warramay saamaynta weyn ee ay carruurta ku yeelato guuritaanka badan ee Soomaalida Galbeedka u soo qaxday lagu ibtileeyey. "Ilmihii oo fiican, heerkiisa waxabarashana ay sarreyso ayaa reerkii la rarayaa.

Waddan cusub oo aanu ilmihii garaneyn ayaa la geynayaa. Dhibka ugu horreeya ee ilmaha qabsanaya wuxuu noqonayaa luqaddii. Muddo wuxuu la raftoba, markii uu xoogaa la qabsado ayaa laga yaabaa haddana in meel kale reerkii loo raro. Ilmihii intuu wareero ayuu waxbarashadii oo dhan ka niyad-jabayaa," ayuu macallinkii ii sheegay. Wuxuu iiga warramay inuu la kulmay carruur badan oo Soomaaliya la geeyey, muddo markii ay maqnaayeenna la soo celiyey. "Qiimeyn ayaa ilmihii lagu samaynayaa, wuxuuna helayaa darajo hoose, illeyn waa ilmo muddo maqnaaye. Waxaa lala fariisinayaa kuwo saaqidiin ah oo mar hore fashilmay, waxbarashadana lagu qasbo, qoladaa haddii uu gacanta u galona, waxaa yar inuu ka bedbaado. Arrintaas waxay keentay in la arkay ilmo wanaag lagu ogaa, lana filayey celintii waddanka lagu celiyey inay wanaag u soo kordhiso, isagoo suuqa galay."

Macallinku isagoo isticmaalaya waaya-aragnimadii uu ka

dhaxlay intii uu macallinka ahaa ayuu ku taliyey inay waalidiintu la tashadaan dadka arrimaha waxbarashada aqoonta u leh ee muslimiinta ah si aanay go'aan khaldan u qaadan. Iyadoon go'aankooda waxba laga beddelin ayaa la siinayaa talooyin wanaagsan. Haddii waalidku goosto inuu ilmo celiyo, waxaa fiican inuu marka hore go'aan ka gaaro inuu ilmahaa soo celinayo iyo in kale. "Tusaale ahaan, haddii ilmaha laga kexeeyey Ingiriiska, lana rabo inuu waxbarashadiisa sii wato, waxaa habboon in la geeyo waddan luqadda Ingiriiska wax looga barto, dantii ilmaha loo celiyeyna laga heli karo. Haddii aanay suurtagal ahayn, ha loo qaado buugaagta iyo manhajka waddanka la rabo in lagu soo celiyo."

Waxa kale oo uu macallinkaasi ku taliyey in ilmaha loo daayo halka uu waxbarashada ku bilaabay haddii aanay jirin wax laga fursan waayey. Tusaale ahaan, haddii uu Holland ku nool yahay, lana rabo in Ingiriiska la keeno, waxaa fiican inuu Dugsiga Sare Holland ku soo dhammeeyo, haddii ay duruuftu saamaxayso. Sidoo kale, haddii uu ilmuhu waxbaranayo, waalidkuna aanu meesha ka tageyn, waxaa habboon inaan ilmaha la kaxayn inta uu dugsiga sare ka dhammaysanayo. "Haddii la kexeeyo isagoon dugsiga sare dhammaysan, yaan la soo celinnin inta uu dhaafayo waxbarashada qasabka ah (dugsiga sare). Ilmihii diintiisa iyo dhaqankiisa welwel laga qabo, ama fasahaad lagu arkay, in la kexeeyo ayaa roon, haddiise lagu fekerayo in dib loo soo celiyo, waxaa habboon inaan la soo celin inta uu 16 sano dhaafayo oo ah xilliga ay waxbarashada qasabka ahi dhammaato," ayuu macallinku soo jeediyey.

Xoolo Raadintu Waxay Lumisaa Barbaar Badan

Dhanka kale, sidii aan kol hore sheegnayba, waxyaabaha iskuullada laga dhaxlo waxaa ka mid ah inay ilmuhu ka bartaan dhaqan xumo, sida xumaanta iyo daroogada. Arrimahaasi dhawr siyood ayey ku soo geli karaan ilmaha. Qaar ka mid ah maaddooyinka iskuulada laga bixiyo ayaa xumaanta xanbaarsan oo dhankaa uun ka warrama, mararna dhaqan xumada waxay ka qaataan asxaabtooda iyo deegaanka ay ku nool yihiin. Waxa kale oo jira qaar ay u keento lacag iyo dhaqaale raadin.

Waxaa la weriyey ilmo yar oo waalidkii gacanta ku hayey, isaguna wanaag u dhashay oo ay wax ka tari waayeen maaddooyinkii ka warramayey jinsiga iyo wixii la mid ahaa, una soo joogsan waayey, asxaabtiisiina ay gacan ku dhigi waayeen. Ilmahaa yar waalidkii dhalay xagga maskaxda way ugu roonaadeen, waxbarashadiisana way ka dedaaleen, laakiin waxay dayaceen dhankii jeebka iyo dhaqaalaha. Inay iyagu maalin ay suuqa marayaan shay u soo qabtaan mooyaane, malaha weligoodba dalab uu leeyahay umay fulin oo haddii uu yiraahdo waxaa ayaan rabaa uma yeelin. Dhankaa dhaqaalaha ayaa laga soo galay. Lacag ayaa la siiyaa, kaddibna waxaa la yiraahdaa, "Ma taqaan meesha aan ka helnay?" Waxaa loo tilmaamay si sahlan oo uu xoolo badan ku heli karo oo ah ka ganacsiga daroogada. Wax la wadoba, waxaa la hantiyey maskaxdiisii, waxaana laga dhaadhiciyey inuu xirmo daroogo ah qaado oo uu u geeyo koox khaas ah. Jidba wuxuu jid u dhiiboba, waxaa xigey inuu isna bartay isticmaalkeedii.

Nin ayuu shaqaale u noqday daroogada ka ganacsada. Maalintii dambe ayuu u soo jeediyey shardi lagu ba'ay oo lagu hoogey! Wuxuu u ballan-qaaday inuu daroogada u badin doono haddii uu u keeno walaashi oo uu malaha sheedda ka arkay. Waa nin shaydaan wado oo qiiradii ka dhimataye inuu "diidey" yiraahdo iskaba daaye, waxaa la wada qorsheeyey sidii arrinkaa loo fulin lahaa, kaddibna waxaa la guddoonsadey in gabadha la daroogeeyo.

Ilmo badan ayaa iyagoo dhaqaale doon ah haadaan ka dhacay, meel daranna maray. Waxay arkaan carruurta ay isku ayniga yihiin oo dhar iyo lebbis qurxoon wata, iyagana ugu faana, kaddibna, illeyn ma iibsan karaane, waalidkii ayey baryo ugu dhaqaaqaan. Walow waalid fiicani jiro, haddana kan ugu roon goor calaacal ka dhammaaday ayuu isagoo guryamaya si cagajiid ah dalabkaa ugu fuliyaa, qaarkoodna inta indhaha looga dhaco oo qoob iyo qaylo la isugu daro ayaa mararna halgaad loogu daraa.

Qoysas badan ayaa awooda inay ilmohooda ka haqab-tiraan dhanka dhaqaalaha iyagoon fasahaadinayn, laakiin kuma baraarugsana in ilmahani wax badan oo aan waalidku ku fekerin ay maanka ku hayaan. Qolo badan ayaad maqlaysaa oo leh, "Waxaan rabaa inaan ilmihii guri u dhiso," haddii ay dhisaanna ma degaan oo qolo kale ayaa u ayda. Qaar kale waxaad ka maqlaysaa, "shirkad hebla ayaan lacag ku darsaday," ama, "hebel oo layn ganacsi soo helay ayaan xoogaa u dhiibey."

Inta badan mashaariicdaa laguma faa'iido, waayo waa xoolo ciddii u xaq lahayd laga af-xiray oo aan lagu dhaqaalayn, cadawga heelad walba u taaganna aan looga yurayn. Galbeedku waa meel laysku hanto, la iskuna dago dhaqaale iyo wax kastoo naf iyo shaydaan jecel yihiin, haddii aadan wax walba wixii daawo u ah ee dhiggiisa ah aadan ku daaweyn, waxaa dhici karta inay korintaadu hal bacaad lagu lisay noqoto. Haddii ilmaha dhaqaale lagu soo jiidanayo, waa inaad ku fekertaa sidii aanu dhaqaaleba ugu baahan, cid kalena aanu ugu hanqal taagin.

Nin ayaa waxaa loo sheegay in wiilkiisa lagu qabtay isagoo kabo xadaya, markii wiilka la weydiiyeyna wuxuu sheegay inuu aabbihii ka codsaday inuu kabo u gado oo uu ka diidey. Odaygii markii arrinkii loo sheegay, qaartiisa ayuu qaatay, illeyn waxaynu horay u bi'innay ayeynu ka dagaalannaaye. Wiilkii ayuu balaq uga siiyey, walibana nabarro xun xun u geystey, kaddibna isaga iyo booliskii ayey ka tafatay. Waxaa la sheegay isagoo leh, "wiilkii ayaan la qaxayaa."

Haddii uu isweyddiin lahaa waxa wiilkiisa ku kallifey tuugannimadaa, isagana uu si qabow u waraysan lahaa, maskaxdiisana uu ka bixin lahaa sida Soomaali badan carruurta u haysato oo ah inaan waxba la weyddiin, fikraddooda iyo rabitaankoodana dhallaan hadaaqay laga soo qaado, waxaa laga yaabi lahaa inuu ogaan lahaa inuu isagu sababay falkaa xun. Waayo, haddii uu u iibin lahaa maalintii

uu ka codsaday, amaba uu ku qancin lahaa inuu mar kale u iibin doono, waxaa laga yaabi lahaa inuu qanci lahaa, isagoo niyad sanna uu kurayda u faana ku oran lahaa, "Anigaba aabbahay ayaa mar dhow ii soo gadi doona!"

Waxaa la xaqiijiyey, mid Ilaahay u naxariistay mooyaane, in haddii ilmaha aan laga warhayn dhanka lacagta jeebka, inay meel kasta oo ay ka heli karaan u hanqal taagayaan. Waxay ku fekerayaan inay helaan dhar qurxoon iyo wixii ay ku arkaan kuwa ay isku da'da yihiin. Haddii, markaa, dhaqaalaha lagu ciriiryo waxay ka raadinayaan meelo kale si ay u tusaan saaxiibbadood inay iibsan karaan. Soomaalidu waxay tiraahdaa: Shimbirba shimbirkiisuu la duulaa. Waxay isku dookh iyo sheeko yihiin ilmaha aynigooda ah ee, ama iskuulka la dhigta, ama ay jaarka yihiin.

Dad badan ayaa muuqaalka ilmaha eegta oo aan hoosba u eegin. Taasi waxay keentay in qolo badan ay qaadan kari waayaan marka loo sheego in ilmihiisii xumaan sameeyeen. Wuxuu wax ku qiimeeyey inta uu la joogo sida uu yahay ee uu u dhaqmo, laakiin war iyo waayo uma hayo sida xaalkiisu yahay marka uu iskuulka joogo, ama saaxiibbadi uu la keliyoobo.

Wiil yar ayaa Yurub la geeyey isagoo la leeyahay waa xaafid. Iskuulkii ayuu bilaabay, masaajidkana si fiican ayuu ugu xirmay. Marmar ayuu salaadda dadka ka bixiyaa oo la hor-mariyaa. Magacaa fiican ayuu xaafadda iyo masjidkaba ku lahaa, aadna waa loo soo dhaweyn jirey. Ugu dambayn, markii uu muddo waddankii joogey ayaa waxaa la arkay maalin, waqtigii biririfta iskuulka, isagoo gabar yar oo caddaan ah meel laab ah ku maran.

Waa cajiib! Waxaa dad badani ku dagmaa muuqaalka,

mana noqon karo muuqaalka keligii waxa lagu kala garto qofka wanaaggiisa iyo xumaantiisa. Wax badan ayaa la arkay qolo ay kala geddisan yihiin muuqaalkooda, ama aragtida guud ee laga qabo iyo hab-dhaqankoodu.

Sidaan xusnayba, qolooyin badan ayey la tagtaa lacag raadintu oo la arkaa iyagoo ay meel xun dhigtay, ama meel xun u taagan. Waxaa la arkay gabdho xijaaban oo maandooriye iibinaya, markii la baarayna waxaa la ogaaday inay u geysey uun beeso raadini ee aanay iyagu isticmaalin. Taa lala yaabi maayo, waayo waxaa Soomaaliya caan ka ah inay qaadka iibiyaan gabdho xijaabani, intooda badanina ma cunaan. Sidaas oo kale ayaa carruur badani ku ahaatay oo ay faraha uga baxeen iyagoo xoolo raadis ah.

Wuxuu sheegay Sh. Maxamed-rashaad in loo sheegay wiilal yaryar oo lacagi jeebabka uga buuxdo, meel ay ka keeneenna aan war loo hayn. Wadaadkii arrinkii ayuu u dhabbo-galay oo raadraac ku sameeyey. Meel dukaan aheyd ayaa wiilashaa yaryar xarun u aheyd oo ay isu dabo-mari jireen har iyo habeenba. Kuray wiilashaa ka mid ahaa ayuu wareystay, wuxuuna weyddiiyey halka lacagtan faraha badan uu ka keenay. Wiilkii yaraa wuxuu yiri, "Adeer waa midda aan u dhimanayno." Wiilkii wuxuu shiikhii u sheegay inay daroogada iibiyaan iyagoo badan, dadkana u qaybiyaan. Sidii loogu badinayey, si ay inta lacag badan u helaan loogu dabo ayaa, ugu dambayn, waxaa la gaarsiiyey inaanay shirkadda ka bixi karin, ama la dilayo. Shiikhii oo yaabban ayaa la soo boodey, "Oo maad dacwaysaan oo booliska u sheegtaan?" Wiilkii oo wadaadka la yaabban ayaa, isagoo dhoollo-caddaynaya wuxuu ku yiri, "Yaan adiga lagu xirin." Wuxuu

ugu sii daray in haddii boolisku qabqaban lahaayeen, inaanay u suurto-gasheen inay daroogada iibiyaan.

Wax badan ayaa la arkay boolis gaafmeeraya goobaha daroogada lagu iibiyo oo aan far u dhaqaajinayn haddii, xataa, agtooda la isku weydaarsanayo. Malaha, waxaad mooddaa in shaqadoodu ay tahay uun inay dusha kala socdaan oo ay dhexdhexaadiyaan markii ay, ama beeca ku heshiin waayaan, ama rabsho iyo isqabqabsi ka dhex dhaco.

Waxaa la arkay inay, meelaha qaarkood, u badan yihiin dhallinyarada Soomaalida kuwa qaybiya mukhaadaraadka ee jidadka la wareega. Waddammada qaar waxay warbaahintoodu sheegtay in dhallinyaradii Soomaalida loo maaro la' yahay. Nin joogey meel maxkamad lagu saarayey dhallinyaro Soomaali ah oo loo haystey denbiyo kala duwan, ayaa wuxuu ii sheegay in qareenkii wiilasha uu ugu cudurdaaray oo uu ku difaacay inaanay dhallinyaradani haysan cid caawisa oo ay dhan walba ciriiri uga jiraan, sidaa awgeedna ay baylah yihiin.

Xorriyadda Dhalanteedka Ah Iyo Dhallinta

Waxyaabaha ilmaha lagu dago waxaa, iyana, ka mid ah in loogu sheekeeyo inay helayaan xorriyad ay waxay doonaan ku sameynayaan. Inay meeshii ay doonaan aadayaan, ciddii ay doonaan la rafiiqayaan, markaana ay ka baxayaan qoqobka iyo noloshan ciriiriga ah ee ku dhisan; Ha samaynin, waa xaaraan, lama oggola.... iwm.

Waxay macallimiintu mar walba la socdaan dareenka ilmaha iyo shucuurtiisa. Midkii ay ka dareemaan xoogaa caro ah isla markiiba su'aalo ayey ugu dhaqaaqaan ay ku doonayaan inay ogaadaan waxa ilmaha ku soo kordhay. Waxa inta badan ugu horreeya ee ay weydiiyaan wuxuu noqdaa: Miyaa lagu diley?

Wadaad isu arkayey in cid dhaantaa aanay jirin oo Yurub wax ka degganaa ayaa gabar xuur ah laga kaxaystey. Maalin ayuu yare canaantay intay ka shaqayn waydey casharkeedii iyo layliskii loo soo diray, kaddibna waxaa lagu ganaaxay inaanay subaxdaa qaadan lacag loo siin jirey cabbitaan inay ku gadato. Iyadoo caraysan ayey iskuulkii tagtay. Macallimaddeedii ayaa dareentay, kaddibna si halhaleel ah ayey, inta galaaskii uga bixisay, qol cidla ah la tagtay. Gabadhii yarayd bilowgii isyare adkaysay, laakiin muddo kaddib waa laga il helay. Waxaa afka loo geliyey gabadhii yarayd inay ku ashtakooto inaan har iyo habeenba usha laga dhigin oo intaa la garaaco. Arrinkaasu albaab reerkii laga soo galo ayuu noqday. Ilmo iyo waalidkii iscanaanasho iyo cago-juglayni kama dhammaatee, wixii ay guriga kala kulanto iyo wax lagu darayba, subax walba warbixin ayaa laga qaadaa. Maalintii dambe macallimaddii dacwo ayey labadii waalid ku soo oogtey. Wax la isjiidjiidoba, ninkii geedku u buuxo ayey talo u go'daaye, waxaa ugu dambayntii xaal ku soo uruuray in reerkii curaddoodii barqadii lala dhaqaaqo oo lagala wareego.

Gabadhii yarayd ee xornimada doonatay waxaa la geeyey guryo lagu uruuriyo qolada iyadoo kale waalidkood laga soo kaxaystay. Dhawr toddobaad kolkii ay joogtey, qol yarna ay kaligeed deggen tahay, habeenkiina waardiye laga hayo, maalintiina niman xoogag waaweyni dusha kala socdaan, ayey dareentay dabinka ay ku jirto.

Shalay haddii arrini dhaaftay oo ay caqli xumaatay, waxay goosatay inay isdabo-qabato. Waxay ogaatey in waxay sheeganaysey ay caano iyo biyo ahaayeen oo ay hadda qaflad iyo qol ciriiri ah ay ku jirto. Haba da'yaraato, markii horena caqliga goroyo ha ka sabatee, laakiin hadda miyirsatey, waxaana ku soo duxay wixii ay ka dhaxashay dugsiyadii Quraanka iyo barbaarinteedii hore. Waxaa ku soo maaxatay taladii kor iyo hoosba loogu sheegi jirey, loogana digayey in la sasabto oo been loo sheego. Waxay goosatay inantii yarayd inay fakato. Intay ishoodii iska dhawrtay ayey "taw" tiri oo gurigii isa sii taagtey. Lagama harine, inta col laga dabo-diray ayaa guri-xabsigii dib loogu soo celiyey. Il gaar ah ayaa lagu eegay oo waardiye adag la saaray. Maanay quusane, habeenbarkii ayey daaqaddii qolkeeda oo dabaq sare ahaa "iska shalwi" is tiri, saa intii ay la halgamaysey ayaa waardiye-baaskii isha ku dhuftay oo la arkay.

Ugu dambayn, dacwo iyo jid dheer kaddib, markii la kari waayey, loona arkay inay halis u tahay inay isdisho ayaa reerkoodii lagu soo celiyey iyadoo dusha lagala socdo. Qofkuu ALLAAH hanuun la maago loo taag heli maayee, gabadhii yarayd, wax la tusayba waxay har iyo habeenba afka ka qaadi weydey inay labadeedii waalid ku tiraahdo, "Dhul baaskan ha la iga kexeeyo, haddii kale nimankii ayaa i xadaya oo qolkii dusha iiga xiraya!" Soomaalidu waxay tiraahdaa: Mar i dage Allaha dago, mar labaad i dagese anigaa is dagay. Labadii waalid ma labo-labayne, halhaleel ayey inta diyaarad ugu rideen ay Kenya iyo dhul ay ehel iyo islaam ku filayeen ula carareen.

Haddii qoladaasi ay taladii haleeleen, intee ayey ka hoos baxdaa oo iyagoo awoodna u leh, carruurtuna oggoshahay uu adduun iyo dhaldhalaalki dagaa, hadhowna uu xaalku ka noqdaa: Maalintii aan tabar hayey talo ma hayn, maanta oo aan talo hayana tabar ma hayo!

Ilmaha qaar inay waalidkood ka fakadaan waxaa u geeya dano kale. Iyagoo wax culays, ama cadaadis ah aan waalidkood kala kulmin oo koolkoolin iyo "maxaa kuu macaan, maxaa kuu kharaar" lagu hayo ayaa shaydaan duufsadaa. Waxaa ku soo dhaca oo la wanaagsanaada arrin ay og yihiin inaan reerkooda laga soo dhaweyneyn oo aan laga ogolayn. Talada keligood ha ku ahaadeen, ama cid kaleba talo wadaag ha la noqdeene, markaas ayaa loo fekeraa sidii qorshahaasi u fuli lahaa.

Waxa ugu horreeya oo ilmaha ku soo dhaca, ama dhegta

loogu shubaa wuxuu noqdaa inuu reerkooda isaga tago. Wuxuu aaminaa in haddii uu sidaa yeelo farta miidda loo darayo. Waa dhab oo aragtidiisa wuxuu rumaysan yahay inuu helayo meel uu u hoydo, wuxuu cuno, wuxuu xirto iyo waliba dheeraad ah inuu xornimo aan xad lahayn uu helayo. Markaa ayaa ilmuhu wuxuu bilaabaa gadood, marmarsiiyo iyo dabeecado aan hore loogu aqoon. Waalidkii xaalka ilmihiisa la socday isla markiiba waa gartaa gedda cusub ee uu ilmihiisu la soo baxay, markaas ayuu dagaal u galaa sidii uu daawo isbeddelkaa ugu heli lahaa. Qolo badan oo iyagu daahirka fiirsada oo aan xaalka ilmihiisa hoos ugu sii daadegini markii dubbuhu ku dhaco ayey soo toosaan. Wax badan ayaa la arkay iyagoo leh, "Ilmihii isbeddel ayaan ka dareemay. Wuxuu bilaabay dhego-adayg iyo hadal-soo-celin iyo xanaaq sanka ka saaran."

Gabar yar ayaa waalidkeed dacwo ku soo oogtey oranaysa in lagu qasbay in la gudo. Aabbihii ayaa xabsi dhawr sano ah lagu xukumay. Waxaa gabadha waalidkeed sheegay inay xiriir la lahayd nin ka weyn, kaddibna uu sasabtay, arrinkanna uu isagu ka dambeeyey. Gabadhaa yari ninkaa la sheegayo ayey xiriir la yeelatay, muddo ayaana la wada socday oo arrinka la qarsanayey. Goortii dambe ayaa ninkii wuxuu bilaabay, markii uu ogaadey inay si qumman gacanta ugu gashay, qalbigeediina uu hantay inuu qorsheeyo sidii uu reerka ugala dhex bixi lahaa.

Waa reer wax-jira-moog ah oo aan war u hayn waxa ay gabadhoodu ku sugan tahay. Iskuul ayey u aaddaa, mararna hebla oo saaxiibteed ah ayey soo booqataa, marna iyada iyo heblo ayaa xaafaddii hebla aada si ay layliskii iyo shaqadii guriga ee iskuulku ka sugayey isaga caawiyaan. Hebla iyo Cali

Tarankii Qurbaha Tagey

toona ma aaddee nin baas ayaa calanku u suran yahay, waxaana la isku raacaa meel ka fog isha waalidka iyo dadka yaqaanba. Qorshihii gurigooda ay ku sagootin lahayd wuxuu noqday in waalidkii dacwo lagu taago oo ay ku andacooto inay gudniin ku qasbeen. Waxay ogayd in arrinkaasi uu dambi ka yahay waddankii ay joogtey. Wax waalidkii ku dacwiyo in gabadhooda loo soo celiyo, waxay maxkamaddii xukuntay in waalidkii xabsi lagu xukumo gabadhiina, waa sidii ay doonaysaye, meel gaar ah la dejiyo.

Waxaa xaqiiq ah in ilmo sidaa yeelay aanu liibaanayn oo uu meel daran marayo. Qaar ayaa markii ay reerkooda ka tagaan, ee ay u adkaysan waayaan nolosha adag ee ay la kulmaan is dila. Qaar ayaa is deldeley, qaarkoodna tareen rooraya ayey isu dhigeen. Haddii ay falkaa isdilidda ah ka bedbaadaanna, waxaa ku dhaca cudurro xun xun oo waallidu ugu badan tahay.

Wiil labaatan ku dhowaadey ayaa adduun u walalac yiri isagoo aabbihii la deggan, wax kasta oo uu jantana uu halhaleel ugu fuliyo. Iskuulka inta uu geeyo ayuu shaqada sii aadaa. Saaxiibkaa waxaan caddaan iyo madow ahaynba wuu ku geliyaaye, saaxiibbo xun xun ayuu yeeshay. Wiilkii madaxtaag iyo habeenkii oo uu soo daaho ayuu bilaabay. Aabbihii arag in la galay, markaa ayuu, illeyn waa beer wax dhalaye, waano iyo wax-u-sheeg ugu dhaqaaqay. Qof meeli u caddahay meeli ka madoobe, wiilkii la kari waa. Wuxuu la saaxiibay qolo Soomaali ah oo waa hore faraha ka baxday. Ugu dambayn, wiilkii aabbihii dacwee, lana deji meel gaar ah. Waayo istus inuu helay wuxuu raadinayey. Muddo kaddib ayaa odaygii lala soo hadlay oo la yiri, "Wiilkii hebel ahaa

wuu isku buuqay oo isku darsamay." Wiilal ay qaraabo ahaayeen oo ah qoladii warka soo gaarsiisey ayuu ku yiri, "Maandhooyinow, bal waddan hebel geeya ha la quraan saaree." Tolow caasi iyo dambiile quraanka beeniyey diin iyo Quraan lagu akhriyo wax ma u tarayaan?

Ilmaha sidaa lagu dagay tiro ma leh, qoraalna kuma soo koobi karno. Waxaa badan kuwo, waa nala guday iyo waa nala garaacay waa kuu roonaan lahayde, waalidkood ku eedeeyey-ALLAAH ayaan ka magan galnaye- inay faro-xumeeyeen iyo wax la mid ah.

Qof Toosan Ayaa Wax Hagaajiya

Waxyaabaha ilmaha lumiya waxaa kow ka ah qallooca waalidka gala. Waxaan uga jeednaa in waalidka laftigiisu uu ilmaha uga baahi badan yahay in la toosiyo. Waa in labadii waalid, ama midkood ka soo bixi waayo booskii laga dhawrayey.

Waxaa badan in waalidku uu noqdo qof aan ku fiicnayn cibaadada Alle, taasina waxay keentaa inuu ilmihiina jidkii waalidka qaado oo uu noqdo ilmo barbaarintiisu xumaato. Walow soomaalidu ay dhaqan u leedahay in ilmaha dugsiyada la geeyo, waalidku siduu doonaba ha noqdee, laakiin, mar haddii uu gurigii diin ka dhar-la'yahay, dugsiga kaliyihi kuma filnaan karo, mana wada dabooli karo baahida tarbiyadeed ee uu ilmuhu u baahan yahay.

Bare ayaa gabar yar oo uu macallin u ahaa dhawr jeer ku canaantay inay xijaab dugsiga u soo qaadato. Gabadhii yarayd maalinna goonno yar ayey soo qaadataa, maalinna surwaal ayey isku soo juftaa. Maalintii dambe ayey macallinkii la noqotay inuu waalidka u sheego. Waagii hore aabbaha ayaa keeni jirey, maalintaase waxaa ku soo beegmay hooyadii gabadha. Markii macallinkii u u hogbaday inuu hooyadii la hadlo, mise waa ka daroo dibi dhal! Gabadha iyo hooyadeed marka la isu eego, gabadhaaba lebbis roon. Waxay ku noqotay ninkii carbeed ee ku gabyey: Salma ayaan ka cawday, markii aan ka haajirey ee aan qolooyin kale u fiirsaday, Salma ayaan u ooyey. Gabadhii yarayd ayuu macallinkii u garaabay. Horaa loo yir: Ratiga dambe, ratiga hore saan-qaadkiisa ayuu leeyahay.

Macallinkii arag inaanay suurtogal ahayn inay gabadha yari hagaagto haddii aanu gurigu toosnayn. Wuxuu macallinkii ku sii daray, "Waxaan dib u eegay ilmo walba iyo waalidkii. Waxaa ii soo baxday in, mid dhif ah mooyaane, uu ilmo walbaa ku dhaqan yahay waalidki. Wiilasha aabbayaashood balwadda leeyihiin waa ka akhlaaq xun yihiin kuwa kale, gabdhaha hooyooyinkood xijaaban yihiinna, ama ay marwooyin yihiin, iyaguna waa sidoo kale. Arrinkaasi wuxuu igu keenay in, inta aanan ilmo cusub dugsiga u oggolaan, aan waalidka xaalkiisa ogaado. Midkii waalidkiis aanu diinta ku fiicnayn waxaan isku deyi jiray inaan ka warwareego, haddiise ay dani kugu qabatay noqoto, ilmahaa waxaan ku eegi jirey il gaar ah, dadaal dheeraad ahna waan siin jirey."

Arrinkaa ah in ilmuhu waalidka ku xiran yahay waa mid aanay isku khilaafin muslim iyo gaalba. Maalin ayaan isha mariyey warqad looga hadlayey dhibaatooyinka sigaarka. Waxaa lagu soo qaatay in faa'iidooyinka ay leedahay inuu qofku sigaarka iska joojiyo, amaba aanu guriga ku cabbin ay ka mid tahay in ilmahiisu ka bedbaadayo inuu sigaarka cabbo. Wax kasta oo wanaaggiisa basharku isku raacay waxaa hubanti ah in diinteenna daliil cad looga helayo. Xadiith ayaa caddaynaya inay ilmuhu waalidka ku xiran yihiin. Xadiith-kaa macnihiisu wuxuu ahaa: Ilmo kasta Fidro (caqiido toosan) ayaa lagu dhalaa, laakiin waalidkiis ayaa ama yuhuud ama kiristaan ama dab-caabude ka dhiga.[1]

Adigoon meel kale aadin waxaad arrinkan ku xaqiijin kartaa adigoo wax yar u fiirsada waxa ilmahaagu guriga ku samaynayo. Inta badan waa waxa uu waalidka ka koobiyeeyo. Waa wax xaqiiq ah in ilmo walba uu dhaqankiisa iyo hadalkiisu u badnaanayo waxa lagu barbaariyo. Nin ayaa wuxuu ii sheegay inuu labo wiil oo yar yar oo ay kala dhaleen labo reer oo deris ah uu maalin la kulmay iyagoo meel ku ciyaaraya. Mid ka mid ahi mar wuu addimaa, mar quraan uu jajabinayo ayuu akhriyaa, mar salaad ayuu xirtaa; waxaan khayr ahayni afkiisa kama soo baxaan. Midka kale gaari ayuu eryayaa, wuxuu ku hayaa; Xaam, xaam.., ka wareeg gaariga.., waryaa alaabta deji..., iyo wax la mid ah.

Labadii wiil ayuu wadaadkii u kuurgalay. Wuxuu ogaadey midka marna addimaya, marna tukanaya, marna quraanka akhrinaya inuu dhalay nin mu'addin ah, ama masaajid iimaam ka ah (midkii uu i yiri ayaan ka shakiyey), midka kalena waxaa dhalay nin baabuurrey ah oo dhawr gaari leh.

Miyaanu arrinkaasi muujinayn in labadaa wiil ay matelayaan labadoodii aabbe, mid walbaana uu ku hadaaqayo waxa uu u badnaa hadalka aabbihi oo ah, in midka aabbihi imaamka ama mu'addinka yahay uu ku wardinayey wixii uu aabihi ka maqli jirey, halka kan aabbihi ganacsadaha yahayna uu adduun iyo badeeco la kala dejinayo iyo gaari rooraya uu ku celcelinayo.

---

(1) *Irwaa'ul Ghalil*, 4/49.

Qallooca waalidka gala inay saamayn xoog leh ku leedahay ilmaha waa biyo-kama-dhibcaan oo labo cali isweyddiin mayso. Sida waalidku yahay ayaa ilmihiisuna u ahaanayaa labadiisa waalid. Haddii waalidku caasi ku yahay Allihii abuurtay, isaguna wuxuu mirahaa ka helayaa awlaaddiisa. Sidaas darteed, Salafkii ummaddan waxay dhaqan u lahaayeen inay dib isugu noqdaan haddii rakuubka ay saaran yihiin uu tuuro, ama xaaska iyo carruurtu maqli waayaan, waxayna baadigoobi jireen dambiga ka dhacay ee lagu ciqaabayo. Fudayl Ibnu Ciyaad wuxuu yiri, "Alle haddii aan caasiyo, waxaan dambigaa raadkiisa ka gartaa dhaqanka haweentayda iyo gaadiidkayga."[1] Sidoo kale, haddii uu aabbuhu, ama hooyadu ay caasi ku ahaayeen, ama ku yihiin labadii dhashay, carruurtooduna sidoo kale ayey iyaga u noqonayaan. Sidaad u dhaqanto ayaa laguula dhaqmayaa. Qiso hadalkaa ayidaysa, Soomaalida dhexdeedana caan ka ah ayaa la soo qaataa marka laga qisoonayo caasinnimada iyo aayaheeda dambe.

Waxaa la sheegaa nin inuu ku indho-beelay waayeelnimo. Waa sida qof walba ku soo dhici lahayde, wuxuu awlaaddiisii ka doortay inuu usha u qabto wiil uu baarrinnimo iyo nugayl ku filayey. Wuxuu wiilkii aabbihii hagoba, maalin maalmaha ka mid ah ayuu socod dheer oo aanu odaygu u baran geliyey. Meel cidlo' ah intuu geed hoos fariisiyey ayuu ku yiri, "Aabbe, halkan ii sii fariiso waan kuu soo noqonayaaye." Halkii ayuu uga dhaqaaqay, dib dambena uguma noqon. Ninkii aabbihii sidaa u galay ayaa isna ku indho-beelay isagoo da' weyn. Wiil carruurtiisii ka mid ah ayaa usha u qabtay. Wiilkii oo aabbihi hagaya ayuu maalin aabbihii ka codsadey

---

(1) *Mawsuucatu Khudabu Al-Minbar*, 1/615

inuu geed hoosti u sii fariisto, uuna u soo noqon doono. Odaygii wuxuu wiilkii weyddiiyey in meeshu meel hebla tahay iyo in kale, wiilkiina inay tahay ayuu u celiyey. Geedku inuu geed hebel yahay iyo in kale ayuu mar labaad weyddiiyey, sidii hore oo kale ayuu wiilkiina aabbihi u sheegay inuu geedku geedka uu sheegay uu yahay.

Odaygii, sidii cabasho iyo catow looga sugayey, ayuu wuxuu wiilkiisii axmaqa ahaa ugu jawaabey, isagoo qosol aan hoos jirin oo qosol-gariir ah qoslaya, "Waxaad fashaa way ku sugaane, geedkani waa geedkii aan aabbahay oo indho-la' aan uga tagaye, ii soo noqon mayside orod iska tag!"

ALLAAHU Akbar! Waa qaacidadii macneheedu ahaa: "Abaalmarintu waa camalka laftiisa." Macnaha, qof walba wuxuu falay ee uu galabsaday ayaa lagu abaal-mariyaa. Kii wanaag hormarsaday abaalgudkiisu waa wanaag, kii xumaan hormarsadayna wuxuu sugaa waa dhiggeed. Sidoo kale, sidii aan hore u soo xusnayba, dunuubta iyo gaboodfalka waalidka ka dhaca waxay saamayn ku yeeshaan ilmaha.

Wadaad ayaa wuxuu iiga sheekeeyey qiso, runtii cibro-qaadasho ku habboon oo ka dhacday waddamadan Galbeedka mid ka mid ah. Waa reer Soomaaliyeed oo malaha dhisnaa abbaarihii soddomeeyo sano oo carruurtii ka farcantay reero leeyihiin. Ma ahan arrinkan aan soo wadnaa mid reerkaa gaar ku ah ee si aan la qiyaasi karin ayaa loola wadaagaa oo uu dhulkan uga jiraa.

Wuxuu yiri, "Wiil labaatankii galay ayaa odaygii dhalay aad uga cawday dhago-adaygiisa iyo caasinnimadiisa. Wiilkii ayaannu maalin kulannay anigoo qasdigaygu ahaa inaan xoogaa waaniyo. Anigoo aad u taxadaraya, waayo wiilka waxaa la iigu sheegay nin aan khayr lagu ogeyn, ayaan hadal dabacsan u bilaabay oo aan uga warramayo waalidka iyo xaqiisa. Waxaan dareemay in wiilku si wanaagsan ii dhegeysanayo, walibana waxaan ka arkay in hadalkaygii saamayn weyn ku yeeshay. Markii aan hadalkii dhammeeyey ayuu wiilkii yaraa, isagoo dareenkiisu kacsan yahay, si laablakac ah u yiri, "Adeer, ka warran haddii waalidka laftigiisu uu xun yahay oo uu caasi yahay!?" Anigoo yaabban ayaan ku iri, "Adeer, maxaad ka waddaa?" "Waxaan ka wadaa, aabbahay nagama warqabo, reerka kuma qorna oo wuxuu dawladda u sheegay inay hooyaday kala nool yihiin (separation). Waa beenlow khaa'in ah, isagoo gurigiisii jooga ayuu ku yiri dawladda reerkayga lama nooli, lacag been ahna wuu qaataa. Maalin walba wuxuu rabaa inuu qaad cuno, gurigana wuxuu isugu keenaa dad xunxun oo daroogiistayaal ah oo qaad iyo sigaar intaa isticmaalaya. Waa ma shaqayste, mar walbana qurun iyo qabiil ayuu ka sheekeeyaa. Kuwa waddankii halkan ka guba ayuu ka mid yahay......!"

Wiilkii aflabadi ayuu yeeray! Anigoo yaabban oo afkala-hays iga soo haray, waxaan ku hadlana garan la' ayaan soo xusuustay hadal Cumar Ibnu Khadaab ﷺ uu ku yiri nin uga soo dacwoodey wiil uu dhalay oo ku caasiyey, markii uu hadalkii wiilka dhegeystayna uu odaygii ku yiri, "Orod i dhaaf wiilkaagu intaanu kugu caasiyin ayaad adigu ku caasidaye'"[1].

Tiro ma leh dadka mar walba ka cabanaya ilmihii oo

---

(1) Islamweb.net, 2001.

farohooda ka baxay oo aan talo iyo hadal ka maqlayn. Qaar badan oo waalidiinta ka mid ah ayaa la hubaa inay iyagu sabab u yihiin qallooca ilmaha, ha dareensanaadeen ama yaanay dareensanaane. Waxaa badan waalid dayacay masuuliyaddii saarnayd, haddana jirinaya ama raadinaya xuquuqdoodii.

Weecashada uu waalidku jidka toosan ka leexdo waxay qayb libaax ka qaadataa qallooca ilmaha. Weecashadaasi waxay noqon kartaa inay ku xadgudbaan Allihii abuurtay. Waxa kale oo ay noqon kartaa inay iyagu (Labada waalid) isku xadgudbaan. Waxaa dhulalkan galbeedka aad ugu badan cabashada labada waalid qudhoodu ay kala cabanayaan, mid walbaana kiish buuxa oo sheegasho ah uu tunka ku sito. Waxaa yar isu-garaabidda, qof walbana qummanihiisa ayaa qoorta ugu jira.

Galbeedka markii la yimid waxaa loo yimid qoysas dusha reer ka ah, laakiin hoos ka haawanaya oo aan lahayn aasaaskii iyo wixii reer lagu yaqaanney. Guryo hoos ka holcaya oo sawaxan iyo qaylo-dhaani ka baxayso ayaa loo yimid, laakiin arrinkaa waxaa ka soke-maray dhaan dabangaalle oo qofkii aan caqli iyo aragti dheer lahayni uu ku dagmayo. Waxaa la moodey in dhulkii xorriyadda iyo sinnaanta la yimid. Waxa ugu badan oo gabdhaha soomaaliyeed dhegohooda ku soo dhacay waxaa ka mid ahaa inay yimaadeen dhulkii aan la kala sarrayn, labka iyo dheddigoodkuna wax walba u siman yihiin, walibase dumarku baac dheer yihiin.

Arrinkaasi wuxuu keenay in wax badan oo islaamka gundhiggiisa ah jeeniga lagu dhufto oo aan loo aabbo-yeelin. Waxaa dayacmay xuquuqdii labada waalid, taasina waxay dhashay in xuquuqdii carruurtuna dayacanto. Qoys waxaa dhiqi

kara labo qof oo iswaafaqsan, isku meelna wax u wada. Waxa kale oo soo baxay inuu lumo hoggaankii iyo kala dambayntii reerku. Reerkii wuxuu noqday goob labadii waalid ku hardamaan, carruurtii iyo waalidkuna ay kala ufoodaan.

Hoggaankii reerka ayaa wuxuu noqday mid si toos ah, ama aan toos ahaynba haweenkii gacanta ugu galay, iyagoo garab iyo gaashaan ka helaya maamullada waddammadan Galbeedka ka jira. Taasi waxay keentay inay soo baxdo arrin Nabigeennu (s c w) uu hore nooga digey oo uu ku yiri, xadiis macnihiisu ahaa: "Ma liibaanto qolo arrinkeeda u dhiibatey haween."[1]

Xadiiskaas waxaa waafaqaya maahmaah soomaalidu hore u tiri oo muujinaysa in meel haweeney ka talisay ay murugmaarug (Baaba') u dambayn doonto.

Sidaasi waxay dhashay in la khilaafo sidii ALLAAH uu wax u qaybiyey oo ahayd, inay masuuliyadda reerku labka saaran tahay. Arrinkaa in labku wax hoggaamiyo ma ahan mid gaar ku ah aadanaha ee waa mid ay la wadaagaan noolaha kale. Xayawaanka wax dheddig hoggaanka u hayo waxaa laga sheegay shinnida, iyadana dadka aqoonta u lihi waxay sheegaan sida ay wax ku hoggaamisaa waa dhanka wax soo saarka iyo taranka. Mukhaalafadaasi waxay keentay in laga dhaxlo burbur iyo in reerkii shiddo iyo dhib ka bixi waayo. Waa sunnada ALLAAH in qofkii sharcigiisa khilaafaa aanu isaguna faa'iido ka dheefayn; adduun iyo aakhiroba.

Muxaadaro aan dhageystey oo uu ka jeediyey Sh. C/raxmaan

---

(1) Mishkaatul masaabiix, 2/340.

Tarankii Qurbaha Tagey

Bashiir (2005) magaalada Oslo, Norway ayaa wuxuu ku soo sheegay in galbeedkii loogu yimid sinnaanta ragga iyo dumarka baaritaan ay sameeyeen ku sheegeen inay jirto ilaa iyo dhawr iyo soddon waxyaabood oo ragga iyo dumarku ku kala duwan yihiin. Jir ahaan iyo maskax ahaanba, in farqi weyn u dhexeeyo ayey qireen. Dumarka aanay ku jirin loollanka ay ragga kula jiraan waxay qireen in jir ahaan iyo dabeecad ahaanba aanay ku habboonayn xukunka boqortooyada, ragga iyo dumarkuna kala duwan yihiin.[1]

Bandhig looga dan lahaa in lagu ogaado cidda ku habboon hawsha guriga iyo barbaarinta carruurta ayaa waddan Galbeedka ka mid ah lagu qabtay. Qoladii fiirsatay waxay ii sheegtay in tartankaasi ku soo gabogaboobey inaanay jirin cid dumarka kaga habboon hawsha guriga iyo barbaarinta ubadka. Dadka arrinkaa qabanayey waxay ahaayeen dad aan qorshe diineed meesha ugu jirin, waxna ku miisaamaya uun waxay arkaan oo ay tijaabiyaan. Qof kasta oo caqligiisa si wanaagsan u isticmaala wuxuu ugu dambayn ku soo dhacayaa sidii ALLAAH wax u qoondeeyey. Miyaanay qoladaasi waafiqin hawshii islaamku dumarka u diray? Haweeney caan ka ahayd Yurub iyo Ameerika kana mid ahayd dumarkii ka soo horjeedey inay dumarku siyaasadda galaan ayaa laga soo xigtey inay tiri, "Aragtida qofka dumarka ahi waxay u jeeddaa dhanka hoose, waxayna xoogga saartaa arrimaha gurigeeda, reerkeeda, caafimaadkeeda iyo baahida jireed ee carruurteeda."[2]

Qaar ka mid ah haweenkii Galbeedka ayaa, markii ay ku

---

(1) Women Against the Vote, 168.
(2) Women Against the Vote, 190.

lumeen inay sinnaan raadiyaan, runtuna ka dabo-timid, waxay u ololaynayaan inay guryahoodii dib ugu noqdaan. Waxay caddeeyeen inaanay helin waxaan dhib iyo xasarad ahayn, awoodna aanay u lahayn inay, inta jirkoodaa abuurka ka beddelaan mid raggeed ay ka dhigaan. Waxay qirayaan oo caddaynayaan waxa lagu kala beddelan yahay inay yihiin wax abuurkii hore ku xiran.

Waxaa markaa cad dhaankaa dabagaalle ee la dabo-rooray inaan laga helin waxaan burbur ahayn iyo inay ilmeheennii faraha ka baxaan. Waa inoo caqli xumo inaan ilmo toosan raadinno innagoo dulmi ku dhexjirna, cidda aan ku dayanaynana ay yihiin kuwii la inooga digey, naloona sheegay inay doonayaan inaan diinteenna inta tuurno iyaga raacno.

Siyaabo badan ayaa qofku u diidi karaa, ama uga hor imaan karaa sharciga. Jid kasta ha u maree, waxaa hubanti ah inay qofka dib ugu soo noqonayso, raad aan la qiyaasi karinna ku yeelanayso reerka guud ahaan, gaar ahaanna carruurta. Waxay u badan tahay in dhibku yimaado marka qof ka mid ah labada waalid uu isku dayo inuu ka baxo xakamihii diinta, ama sidii dhaqanka Soomaaliyeed ahaa.

Waxaa badan, sida la ogyahayba, in rag badan uu gabey wixii masuuliyad ahaa ee ninka looga baahnaa, sida hoggaanka reerka iyo maamulkiisaba. Qaar badan oo xoolo-mabaddarnimo u dhashay ayaad maqlaysaa iyagoo ku hadaaqaya inaanay talo gacanta ugu jirin oo dumarkii ay af-gembiyeen. Kuwo badan ayaa markii loo jeediyo talo reerkiisa ku saabsan la soo booda in taladii laga faro-maroojiyey oo aan waxba laga maqlayn. Arrinkaasi wuxuu noqday mid marmarsiinyo u noqda masuuliyad-xume oo dhan.

    Dumarka oo dhaqan ahaan iyo abuur ahaanba u samaysan in hoggaanka loo hayo ayaa, markii ay arki waayaan wax usha u qabta ay qaarkood seeraha gooyaan oo gurigiina nin iyo naagba ka noqdaan. Taasi waxay keentaa inuu halkaa ka abuurmo dayac iyo burbur. Gabdho badan ayaa sidii ay hawshii ragga ugu jireen, nimow-naagoobey, is-dhawrkii iyo xishoodkii dumarka lagu yaqaanneyna ka baxay. Sidii ay nin wax ula qaybsanayeen ayey dumarnimadii illoobeen. Waxaa la arkaa inay gabadhaasi ahayd mid wanaagsan oo haddii cid hagta ay heli lahayd ay reerkeeda dhaqan lahayd.

    Sidoo kale, waxaa iyana barbar socda kumannaan rag ah oo mar walba xusul-duub ugu jira sidii reerkiisu u noqon lahaa mid ka bedbaada masiibada iyo mawjadaha xoogga badan ee dhan walba uga yimid ummaddii u soo qaxday Galbeedka. Dedaalka aabbayaashaas wanaagsan waxaa, inta badan, hal bacaad lagu lisay ka dhiga marka afadiisii uu hiilka uga baahnaa ay garabkiisa ka baxdo. Rag badan ayaa iyagoo muusannaabaya reerkooda laga diray. Tiro ma leh dhacdooyinka sidaas oo kale ah.

    Waxay ahayd, rag iyo dumarba, in magac-xumo la iska ilaaliyo. Qofka gobta ah ee sharaftiisa ilaashanaya waxaa lagu yaqaan inuu isdhawro, gaar ahaan xilliga adag markii ay tahay ee, ama colaadi dhacdo, ama abaar gaag-ma-reebto ahi dhacdo. Maalinta baahi darani jirto waxaa la iska ilaaliyaa in hunguri ku qaado oo soor laguugu magac daro. Waa tan soomaalidu ku halqabsato: Nin soori qaadday, nin seefi qaadday ayaa dhaama!

Dhanka kale, haddii la yimid dhul col lala yahay reerka muslimka ah oo la rabo in xididdada loo siibo, welibana xagga gabadha laga soo galo, waxay ahayd inay gabdhaha muslimiinta ahi ka feejignaadaan oo ay dhegtooda iyo sharaftooda ilaashadaan. Waxa kale oo ay ahayd inay iska ilaaliyaan waxa ninkoodu qoonsanayo, iskana dhego-tiraan haatufka shayaaddiintu meel walba uga soo tebinayaan. Haddii aad ogaatey halka lagaa soo weerarayo, waxay ahayd inaad difaaceeda adkaysato. Mar haddii aad aragtay in colku reerkaaga ku wajahan yahay, xarigga lagugu dagayana uu yahay hoggaanka reerka waa loo siman yahay, ama adigaaba ka mudan, waxa gabar wanaagsani ku fekeri lahayd inay saygeeda ku tiraahdo, "War hoggaanka iyo dheeraadba laguugu dar!"

Waxaa jira cudurro badan oo Galbeedka loogu yimid, kuwaas oo ku faafay dadkii dhulalkaa qaxa, ama nolol-raadiska ku tegey. Loollanka la dhex-dhigay ragga iyo dumarka wuxuu ka muuqdaa dhan kasta oo nolosha bulshada ah. Hoggaanka reerka ka sokow, waxaa hardanku galay dhanka dhaqaalaha. Qoraallo badan ayaa laga qoray laguna soo qaatey dhibka qoysaska ka dhex-dhaca. Waxaa muuqda in waxyaalaha ugu badan ee qoysaska kala geeya, ama ay u burburaani uu ugu horreeyo muran xagga dhaqaalaha ah.

Isqab-qabsigaa xagga dhaqaalaha ah wuxuu saameeyey qoysaskii muslimiinta ahaa. Islaamku ragga ayuu saaray wixii masruuf iyo nolol ah ee reerku u baahan yahay, halka galbeedka labada jinsiba ay saaran tahay. Arrinkaasi wuxuu keenay in dumar badan ay ku kedsoomaan. Dhan waxay ka xusuustaan dhaqankii islaamka ee ragga saarayey wixii masruuf iyo marasho ah ee qoysku u baahan yahay, dhanka kalena waxay u yimaadeen dad xooluhu u kala soocan yihiin, wixii culays ah ee reerka ku yimaadana qaybsada.

Qoysas badan oo Soomaaliyeed ayaa burburay, lana sixi waayey waxa mushkiladdoodu tahay. Dhaqanka Soomaalida waa ku ceeb in hunguri la isku qabsado, taas ayaa keentay in afka la soo marin waayo inuu yahay waxa reerku sababsaday khilaaf xagga dhaqaalaha ah. Goobaha lagu sheekaysto marka la isugu yimaado waxaa labada jinsiba qirayaan in reero badan u burbureen muran xagga dhaqaalaha ah oo dhexmaray, laakiin qofna kuma dhaco inuu sheegto in isaga iyo xaaskiisa, ama iyada iyo ninkeeda uu dhibkaasu dhexyaal.

Nin Soomaaliyeed iyo reerkiisii ayaa muran adag ka dhexaloosmay. Dhawr jeer ayaa ninkii oo caro ah reerkii ka tegey. Waa la dhexgalay oo la isku maslaxay. Arrinkii reerku waa degi waayey, dhibkiisiina waa soo noq-noqday. Arrinkii markii loo kuur-galay wuxuu isugu biyo-shubtay in dhibka reerka haystaa uu yahay ismaandhaaf xagga dhaqaalaha ah.

Ninkii oo la waraystey ayaa inta is-hayn kari waayey burqaday oo xaqiiqdii abbaaray, wuxuuna yiri, "Xaaskayga waxaan isku haynnaa waa dhaqaalaha reerka soo gala. Dhawr carruur ah ayaan leennahay oo wax nalagu siiyaa, wixii dhankaa ka yimaadana gabadha ayaa gacanta ku haysa. Waan shaqeeyaa, sidaa darteed noloshayada annagaa dabbaranna, wax kabid ahna dawladda kama helno. Muddo markii aan wada joogney ayaa gabadhii waxay bilowday buuq iyo inay dhib reerkii ka dhex-abuurto, aniguna aanan fahmin dhanka uu ka socdo. Culays dhaqaale ayey i saartay, xoogaagii dhanka carruurta ka iman jireyna meel ay geyso waan garan waayey.

Arrinkaas wuxuu keenay inuu lumo dhaqankii reerku, aniguna aan waayo wixii nin reerkiisa uga baahnaa. cunoqabatayn dhan walba ah ayey gabadhii i saartay. Taasi waxay sababtay in nala ogaado, kaddibna nala dhexgalo, laakiin waxba ma xallismin.

Markii aan ogaadey in dhibku xagga dhaqaalaha yahay ayaan fikrad soo jeediyey ah, in wixii reerka soo gala la kalaqaybiyo; wax masruuf iyo wixii kale ee reerku u baahan yahay loo qoondeeyo, qaar wixii ehel ah ee aan caawinno loo diro, inta soo hartana reerka dhito looga dhigo oo loo kaydiyo. Gabadhii waxay soo istaagtey in masruufka iyo biilku aniga i saaran yahay, lacagta carruurtana ay gaar u leedahay oo aanan ka hadli karin. Waxay ii soo qaadatay in hebla iyo hebla nimankoodu sida ay u soo wadaan ay lacagtoo dhan iyaga gacanta u geliyaan, wixii ay doonaanna ay ku samaystaan. Marka, nimanyahow anigu arrinkaa waan ku qanci waayey, waayo anigu waxaan ka fekerayaa reerkan mustaqbalkiisa iyo in dhaqaale loo abuuro, laakiin waxaan diyaar u ahay inaan xaaskayga wixii ay u baahan tahay aan u fuliyo oo ay talada reerka iiga dambayso. Sidoo kale, waxaan diyaar u ahay inaan talo-wadaag noqonno, laakiin reerkaaga dhaqaalihiisa iyo taladiisa igu soo wareeji ma aqbali karo."

Waa xaqiiq ka jirta dhulkan, waxayna ka turjumaysaa waxyaalaha ku qarsoon gudaha qoysaska. Waxa kale oo ay muujinaysaa in dagaalka reerkaas ka socda dibadda laga soo abaabuley, sidoo kalena reero badan oo iyaguna gudaha ka holcayaa ay la qabaan. Waxa kale oo ka muuqda in gabdho badan xoolo-jaceyl u geeyey inay reerkoodii dumiyaan. Waxay damcaan inay la soo baxaan kaarka diinta markii dhib yimaado ninkana ku yiraahdaan, "Adiga ayaa reerkan ka masuul ah oo xalkiisa lagaa rabaa," markii waxtar yimaadona ay la soo baxdo kaarkii wax-burburinta ee Galbeedku ugu talo-galay inuu ku kala diro qoysaska muslimiinta ah. Waa kaar ay ku qoran yihiin talooyin aan dan u ahayn reer muslim ah.

Wax badan ayey dhegtayda ku soo dhacday aabbayaal goor dambe ka war hela in xaaskiisu ay meel hebla guri ka dhisatay, ama shirkad hebla xoolo ugu jiraan. Qaar badan ayaa ganacsi hoose oo aan odayga reerku ka warqabin ku jira. Rag badan ayaa intay is-hayn waayaan oo caradii xakamayn waayaan sidaa reerkii ku burburiya, qaarna iyagoon qanacsanayn, reerkiina tuhun kala galay ayey carruurta iska dhexjoogaan.

Gabdho badan ayaa u qaba in sababta nimanka hoggaanka reerka loogu dhiibey inay tahay oo keliya inuu reerka masruufo, sidaa darteedna haddii biilkii meel kale ka yimid ay talada u siman yihiin. Waxay illaaween ragannimadii iyo abuurkii Eebbe, taasina ALLAAH wuxuu ku tilmaamay inay tahay dheeraad uu bixiyo.[1]

Inay ku doodaan in talada loo siman yahay waa roonaan lahayde, qaar ayaaba maraya inay iyagu xaq arrinkaa u leeyihiin, waxayna ka dareen gabdhihii Galbeedka. Gabdhaha Galbeedku kuma doodaan inay talada iyagu leeyihiin, ee waxay ku andacoodaan in loo siman yahay.

Dad badan ayaa waxay isweyddiiyaan waxa gabdheheennu uga duwan yihiin dumarka kale ee muslimiinta ah ee Galbeedka ku nool. Waxaa yar in la arko gabar Carab, ama Hindi ah oo ay ka suurtowda inay ku kacdo falalkaa gabdhaha Soomaaliyeed ka

---

(1) Suural An-Nisaa 34.

dhaca. Dadka qaarba meel ayey ku dhuftaan, laakiin waxaa loo badan yahay inay jirto dhib gaar u ah gabdheheenna. Xargaha isku xira ninka iyo naagta waxaa ka mid ah inay shahwadooda isku gutaan. Dhankaa haddii la iska qanciyo, la iskana haqabtiro waxaa xoogaysanaya xiriirka labada lammaane. Markii labada isqabtaa isku soo dhowaadaanba, waxaa hagaagaya reerka, carruurtana saamayn weyn ayey ku yeelanaysaa. Midkood haddii uu dhankaa saluug ka galo, waxay reerka ku keeni kartaa deganaansho la'aan.

Oran mayno sida ay sheegaan qolada cilmi-nafsiga ee yiraahda in qofku haddii uu waayo cid uu shahwadiisa ku guto, ama aanu si fiican u gudan uu xanuun-maskaxeed ku dhacayo, laakiin waxaan leennahay waa in qofkaasi soomaa, sida diintu na farayso.[1]

Gabdheheenna dhankaa waxaa looga geystey xadgudub aan oran karo, haddii ay waxuun ka gadoodi lahaayeen, middaa ayaa mudan inay ka dagaallamaan. Waxaa lagu xadgudbey dareenkoodii, waxaana la googooyey xubintoodii taranka. Taasi waxay keentay in gabadhii Soomaaliyeed markii ay dhaqaale heshay ay ku fekerto inaanay ninka wax kale uga baahnayn, illeen dareenkeedii dumarnimo waa lagu ciyaaraye. Waxaa meesha ka baxay qayb dhan oo muhiim u ah edbinta dumarka oo ah in sariirta looga haajiro ama looga jeesto.

Nin ayaa laga sheegay inay xaaskiisu ku dhego-adkaatay, waanona ka maqli weydey. Intuu soo xusuustay aayaddii oranaysey, "Dumarka waaniya, kaddib sariirta uga taga, kaddibna garaaca.."[2]

---

(1) Muxaadaro uu jeediyey Sh. Mustafe Xaaji Ismaaciil (Stockholm, 2010)
(2) Suural An-Nisaa 34.

Tarankii Qurbaha Tagey

ayuu dhabarka u duwey. Waa gabar aan dareenkaaba ku jirin oo dhufaanane, malaha waxayba is tiri, "dhibkiisa Ilaah baa kaa sii jeediyey." Wax-badso wax-beel ayey leedahaye, isagii ayaa laga haajirey. Wax edbi ayuu islahaaye, isagii ayaa edebta la baray.

Dhibkaa gabdhaha haysta wuxuu keenay in raggii qanci waayo, arrinkaana ka baahi-beeli waayo. Raggii ninba si ayuu saluuggaa jira xal ugu raadiyey. Qaar ayaa iska dulqaata oo sidaa reerkooda ku dhaqda. Kuwo waxay xal moodaan inay iska sii daayaan oo ay gabdhihii furaan. Qolo dhan kale ayey u fekeraan iyo inay wax kororsadaan oo reer kale abuuraan si waxa ka dhimman ay u kabtaan.

Arrinkaa la guursiga ah wuxuu martay oo dabada u rogey reero badan oo dhisnaa. Rag ayaa waxbadsigii wax la'aan ka qaadey. Gabdho badan oo diin lagu tuhunsanaa ayaa markii lala guursadey ku dhacay danbiyo aad u waaweyn. Qaar ayaa hadallo diinta looga bixi karo laga hayaa. Gabar ayaa laga sheegay inay tiri, "Haddii aan awood u leeyahay, aayadda suuradda Nisaa ee guurka ka hadlaysa kitaabka waan ka tirtiri lahaa!"[1] Haddii aan jahli iyo wax la mid ah loogu cudurdaarin, waa hadal aad u culus.

Arrimahaasu waxay keeneen in qoyskii burburo, halkaana ay ilmihii ku dayacmaan. Reeraha ugu badan oo xurquun-ku-dagaallanka iyo masayrku uu baabi'iyey waa kuwa ku nool qurbaha. Taas waxaa keenaya iyadoo gabdhihii ay taageero ka helayaan maammullada Galbeedka ka jira. Dumar badan ayaa

---

(1) Suurat An-Nisaa 3.

wada olole ay u bixiyeen: La dagaallanka la-guursiga oo aan weliba qarsan oo meel walba la taagan. Haddii ay maqlaan hebel ayaa guursadey waxay ku qaadaan weerar ballaaran, reerkana way ku kiciyaan.

Norway ayaa waxaa ka dhacday in haweeney qoladaa ka mid ah loo sheegay nin labeeyey. Ninka maanay aqoon wejigiisa, laakiin magaciisa ayey soo heshay. maalin iyadoo jimcihii markaa la tukadey ayey nin meesha marayey weyddiisey inuu ninkaa yaqaan. "Haa, waan aqaan," intuu yiri ayuu u doonay. Ninkii farriintii ayaa loo geeyey, gabadhiina kor ayaa looga tilmaamay. Markii uu u tegey ayey weyddiisey inuu hebel yahay, si ay u hubsato. Isagoo baraadla' ayuu la soo boodey, "Haa, walaalle waa aniga." Wax kale intii uu sugayey ayey inta isla kala jiiddey dharbaaxo uga soo goysey oo iyadoo caytamaysa, kuna eedaynaysa guurka labaad ee uu sameeyey iska dhaqaaqday.

Barbaariyeyaasha
Dahsoon

Hadal aan ka dhageystey Sh. Mustafe X. Ismaaciil ayaa wuxuu ku sheegay in malaayiin dad gaaraya oo Maraykan ah ay olole ugu jiraan inay guryohooda u diidaan in taleefishan la soo dhigo. Waxay rumaysan yihiin inuu yahay macallin aan dhagartiisa la fahmi karin oo guriga kuu jooga. Waa nin tuug ah oo daaqadda ka soo dhacay, gurigana kuu dhex-fadhiya. Waalidiin badan oo guryohooda ka qaaday taleefishanka ayaa waxay caddeeyeen inay ilmihii isbeddel weyn oo xagga waxbarashada iyo akhlaaqda ah ay ka dareemeen. Nin ayaa wuxuu yiri, "Waxaan tijaabo ka qaaday inaan fiiriyo waxa ay carruurtaydu ugu jecel yihiin inay sameeyaan marka ay iskuulka ka yimaadaan oo ay daallan yihiin. Waxa ay ugu jecel yihiin wuxuu noqday inay inta taleefishanka daaraan ay filimmada kartoonka ah daawadaan. Welibana waxaan la yaabay sida aanay uga horkacayn ilaa loo yimaado. Qaarkood waxaa ku adag inay dharka iskuulka iska bixiyaan."

Dumarkeenna waxaa iyaga beryahaan dambe macallin baas u ahaa Paltalk-ga. Intee reer ku luntay oo ku burburtay. Waa macallin aan ka sokayn taleefishanka oo reero badan fasahaadiyey. Intee hooyo ku simbiriirixatay inta uu u soo dhuuntay wadaad-la-mood. Beerjileec dumarka waa lagu yaqaane, intuu dhawr aayadood, ama xadiis ku dul-akhriyo ayuu qalbigeeda dhanka kale u rogaa. Lama soo koobi karo inta reer ee uu kala diray warsidahaa Paltalk.

Reer shan carruur ah isu leh ayaa hooyadu waxay ku taxantay muxaaddarooyinka Paltalk-ga ka baxa. Mid waddammadaa carabta jooga oo wadaad-xume ah ayey halkaa iska heleen. wuxuu ku sameeyeyba, marwadii reerka lahayd wuu beer-qaaday. Xiriir hoose ayaa la yeeshay, markii uu muxaadarada dhammeeyona meel gaar ah ayaa la isla galaa oo lagu sheekaystaa. Miskiintii waxay is tiri, "Inta kani guriga kuu dhex joogo jacayl lama wadaagi kartid gacaliyahaagan cusub." Inay aabbaha shanta carruurta ah ka faro-xalato ayey guddoonsatey. Waxay hadba wax ku deydo oo uu dhaqaaqi waayoba, habeen baas uu malaggiis galay ayuu inta kombuyuutarkii fariistay is yiri, "Aad fiirisid in cinwaankaagii wax farriin ahi kuugu jirto!" War ma hayee illeyn bad ayuu galay! Ninkii odayga ahaa muxaaddaradiisii ayaa socotey oo, malaha intay gabadhii xaajo yeelatay ayey daqiiqado ka hor kacday iyadoo isleh aad u soo noqotid. markii ay soo laabatay ayey u timid nin-baaskii oo fadhiya.

Tii ka dhacday waa la ogaa! Waxay gaartey inay inta boolis u yeerto ka codsato in ninkan la dhaafiyo. Saddex boolis ah ayaa u yimid, kaddibna inaan dhib iyo dagaal dhicin ayey ogaadeen. Haweeney booliska ka mid ahayd ayaa gabadhii la hadashay, iyadoo la yaabban, waxayna tiri, "Sidee keligaa shantaan carruurta ah u korinaysaa haddii aabbahood kaa tago." Waa qof meel kale looga yeerayee, dheg uma dhigin, xaalkiina wuxuu ku soo af-jarmay in aabbihii isagoo qarracan ah carruurtiisii iyo reerkiisii laga dhaqaajiyo. Xalaal ahaa, ama xaaraan u bareertaaba, hadda inay wadaad-ku-sheeggii keensatay oo uu guriga u dhex-fadhiyo ayaan war ku helay.

Lama soo koobi karo dhibaatada ay ilmaha ku hayaan taleefishanka iyo internet-ku. Ilmaha waxay u baabi'iyaan, iyo weliba dadka waaweyn, dhan caafimaad, dhan waxbarasho iyo dhan akhlaaqeedba. Baaritaan arrinkaa lagu sameeyey wuxuu tilmaamayaa in maskax ahaan uu ilmaha saamayn weyn ku leeyahay, hadbana ay ku xiran tahay inta saacadood ee uu qofku dul-fadhiyo.

Labo dhacdo oo uu maalin Jimce ah Sh. Umal ku sheegay khudbo uu ka jeediyey Masjidka Abuu Bakar ee Nayroobi (2010), ayaa dadkii dhegeysanayey qalbigooda ruxday. Shiikhu wuxuu ka hadlayey dhibaatada iyo dhaqanxumada uu Internet-ku bulshada ku hayo, gaar ahaanna da'da soo koraysa. Waxay ahayd khudbo kii damiir lahaa kaga oohisay, kuna abuurtay welwel iyo walbahaar. Khudbadii oo socota ayaa masjidkii bulaan isqabsaday, xanuunka arrintaasi leedahay. Dadka qaar ayaa taahooda iyo siday uga gubteen dhacdadaa aad moodaysey in nabar darani meel xun ka hayo. Qalbigaa damqaday oo nabar uga dhacay!

Gabar yar oo ka dhalatay reer wanaagsan oo ehlu-diin ah ayaa waalidkeed wuxuu guriga soo geliyey shabakaddan baas ee Internet-ka. Kuma baaraarugsana waxa masiibo warsidahaa dhex-fadhida. Gabadhii yarayd baratay isticmaalkiisa, si fiicanna u dhex-gashay. Qolo iyadoo kale meelahaa ku gaada ayey gacanta u gashay. Sheeko iyo xiriir ayaa bilaabmay. Wuxuu ahaa mid xariif ku ah sida loo lumiyo miskiintaas oo kale. Wuxuu sasabtoba, wuxuu ku qanciyey inay kulmaan. Waa la kulmay, wuxuuna la tegey halkii uu ku qali lahaa. Dabinkiisii ayey ugu dhacday, si fiicanna wuu uga dan-bogtey. Intaa kuma harine, tii mid ka daran ayuu dhigay. Dhurwaaga ayaa lagu sheegaa in, haddii midkood ugaar disho inuu kuwa kale ugu yeero. Saaxiibbadi ayuu ku casuumay si ay ula qaybsadaan! Innaa Lillaahi wa innaa ileyhi raajicuun! Waxay

noqotay gabantii yarayd ceel laga wada cabbo, oo kii raba inuu shahwadiisa gutoba uu u yeerto. Kaba sii darane, intay meel cidlo ah geeyeen ayey, sidii neef gawraceen. Waa masiibo midba tan ka dambaysaa ay ka sii daran tahay.

Qisada labaad waxay ku dhacday hooyo Soomaaliyeed oo waddammadaa Galbeedka mid ka mid ah deggan. Ninkeedii iyo carruurteedii ayey la noolayd. Shabakaddii baas ayey dhex-qaadday, waxayna gaarsiisey meel qofkii gaara ay yar tahay inuu soo nabad-noqdo. Waraabayaal dad-u-ekeyaal ah bogag ay leeyihiin ayey dalaq tiri. Mid inkaar qaba ayaa la isbartay, sheekadiina la isla waday. Meel cidlo ah inuu la tago ayuu rabaaye, wuxuu ku qalqaaliyey inay, inta soo duusho u timaaddo. Dad-cunku wuxuu isna joogey waddan Yurub ah. Balaayo ayaa wadatee, intay tikid goosatay ayey meeshuu joogey isa sii taagtey. Waa sidii uu rabaye, miciduu daray, muddona godkiisii ayuu ku haystey. Markii uu siduu rabey ka yeelay, ayey gurigeedii dib ugu noqotay iyadoo tafaha xaaraan iyo faaxisho ku sidata. Cabbaar kolkii la joogey ayaa waxay ogaatey in dhibcihii sunta ahaa, ee xaaraanta ahaa ay naf ku dhex-beereen. Iyadoo muraara-dillaac ah ayey shiikha wacday! Waxay ku calaacalaysaa in reerkeedii khatar ku jiro, arrintaan haddii la ogaadona uu burburayo. Waxay leedahay, "Shiikhow, si aan reerka u bedbaadiyo ilmaha ma soo ridi karaa!!!!"

Intee gabar waxaas iyo wax ka darani ka dheceen oo aan war loo hayn. Middan waxaa gubaya waa uurka, laakiin haddii aanu uur soo bixi lahayn soo xumaanteeda ma qarsateen!? Xaggee u martay marwadaasi intaas oo xumaan ah, yaase u soo jiidey? Soo maahan shabakaddaa Internet-ka oo meel kasta oo aad tagtoba; miyi iyo magaalo aad ugu tegayso.

Sidee Ayaan Xal U Raadinnaa?

Soo uuuriyoo, wax badan ayaan soo xusnay inaan tirinno waxyaabaha keena qallooca ubadka, gaar ahaan kuwa ku nool dhulkii nolosha iyo nabadda loo soo doontay. Ma soo koobin, mana soo af-meeri karo waxyaalaha sababa in ilmaheennu jidkii toosnaa ka leexdaan. Ma ahi qof khibrad dheer u leh, laakiin waxaan oran karaa waxaan ahay nin, inta arkay sida xaal yahay markaa isku dayey inuu waxuun ka qoro arrinkaa.

Mar haddii aan intii karaankayga ahayd soo gudbiyey waxyaabo mawduucaa iftiimin kara, ama barbilow u noqon kara, waxaan isleeyahay waxaa sidaa si ka fiican, kana hufan dadka uga haqab-tiri doono qolo dhan walba ii dhaanta.

Cudur haddii uu yimaado daawadiisa ayaa la doonaa. Miyaanay ahayn in, inta aan dhibka taxayno aan daawadii raadinno. Miyaanay habboonayn inaan isweyddiinno, waa maxay xalku? Xaggeese ku jiraa? Waa arrin ay isweydiinteedu sax tahay, waana midda aan hadda doonayo haddii ALLAAH idmo inaan wixii aan awoodo ka iraahdo.

Is-Hagaajinteenna Waxaa Ku Jira Bedbaadada Carruurta.

Carruurtu waa ammaano, ammaanadaasna waxaa mas'uul ka ah labada waalid. Ku gabood-falka tarbiyaddoodu waa khiyaamo xun iyo xadgudub.tarbiyaddu waxay ka bilaabantaa guriga, inta aan dugsiga iyo bulshadu tarbiyaynna waxaa soo tarbiyeeya qoyska, waxaana ka soo burqada wixii uu guriga kala yimid.

Wax kastaa hordhac iyo tabaabusho ayey leeyihiin. Qofka beer-falasho isu diyaariyaa waa inuu marka hore ka fekeraa dhulkii uu wax ku beeri lahaa, qalabkii uu adeegsan lahaa iyo wixii beer u baahnayd oo dhan. Waa sidaasoo, reer markii la askumayo barbilow ayuu leeyahay. Marka xalka iyo hagaajinta reerka laga hadlayo waxaa inta badan laga bilaabaa doorashada hooyo wanaagsan. Haweeneyda aad dooranayso, ama sayga aad dooranayso, waa qofkii aad u dooratay inaad nolosha iyo tarbiyadda carruurta wada qaybsataan. Xaasku waa hooyadii carruurta, waxayna ku barbaarayaan akhlaaqda iyo dabeecadda ay ka dhaxlaan, aabbuhuna waa sidoo kale.

Abul-Asad Addu'ali ayaa wuxuu ku yiri carruurtiisa maalin, "Waxaan idiin samo-falay yaraan iyo weynaanba iyo intaan la idin dhalin." Waxay weyddiiyeen sida uu ugu wanaag falay inta aanay dhalan. Wuxuu ugu jawaabay inuu hooyooyinka uga dooray hooyo aan lagu caayeyn oo aan lagu dureyn[1].

Tallaabadaa doorashada wanaagsan waxaan iyana ka dhicin oo ku xigta inuu qofka qudhiisu istoosiyo. Waxaa

---

(1) At-taqsiir fii tarbiyatil awlaad, 1/51.

xaqiiq ah in qof walba sida uu u dhaqmo isagana loola dhaqmayo. Haddii aad dhaqankaaga hagaajiso waxaa, iyana, hagaagaya reerkaaga. Waxaa muhiim ah in qofku isagu iska bilaabo oo uu ku toosnaado jidkii ALLAAH uu ugu talogalay. Waxaa la yaab ahayd in aabbe Soomaaliyeed uu ka gubanayey kana cabanayey in wiilkiisii uu faraha ka baxay. Wadaadkii uu cabashada u gudbinayey ayaa isagoo yaabban isweyddiiyey, "Tolow ma wiilkaa khaldan, mise aabbahan gacantana sigaarka ku haysta, qawlaladana ay ka muuqato raadkii qaad uu dhawaan ka soo kacay?"

Salafkii waxay wax ku jaangoyn jireen inay iyagu dib isugu noqdaan haddii ay reerkooda ama awlaaddooda qallooc ka dareemaan, ama ay ku caasiyoobaan. Markaa macnuhu waxaa weeye: Naftaada hagaaji reerku ha kuu hagaagee.

Waxaa xusid mudan inaan haweeney Soomaaliyeed oo sano afartan ku jirta safar ku kulannay. Markii ugu horraysey ee aan isha ku dhuftay ee aan lebbiskeeda arkay waxaan ku qiyaasay inay xabashi, ama waddammadaa kale tahay. Arrintu sidaa ma ahayne, Waxaan muddo yar kaddib xaqiiqsaday inay Soomaali tahay. Goor dambe oo aan si uun u kulannay ayaan waxaan aad uga murugoodey dhibaatada ay gabadhaasi sheeganayso; nafteeda, reerkeeda, ehelkeeda iyo awlaaddeeda. Mar walba Alla bari ayey afka ku haysaa iyo inuu maruun faraj u furmi doono. Waxaan is iri, "Tollow jidkii bedbaadada ee ay dhibkan uga bixi lahayd ma haysaa!?" Waxaan soo xusuustay xadiiskii Nabiga (s c w) ee uu tusaalaha nagu siiyey nin socoto ah oo ALLAAH baryaya, wax kasta oo baryo lagu aqbalaana ay ka muuqdaan, haddana aan laga yeelayn. Sababtu waxaa weeye inuu macsi iyo dambi ku

jiro. Wuxuu xiran yahay waa xaaraan, wuxuu cunayo, ama cabbayo waa xaaraan, waxaana lagu soo koriyey xaaraan, sidee looga aqbalaa ducada[1]?!

Waxaa la arkaa in waalidku dedaalo, laakiin caqabado awooddooda ka baxsani ay ku yimaadaan. Arrinkaa waxaa ka markhaati kacaya in qoysas badan oo aan dedaal u yarayn, gaar ahaan kuwa Galbeedka u soo qaxay ay ilmuhu ka xumaadaan. Arrinkaasi wuxuu ina tusayaa in waalidka keliya oo hagaagaa aanay tarbiyaddu ku xirnayn, balse uu ilmuhu dhaqanka ka qaato meelo kala duwan sida goobaha waxbarashada, deegaanka iwm. Maalin su'aalo cabasho ah oo ku saabsan dhibaatooyinka waddammadan Galbeedka ka jira la weyddiiyey Shiikh Cumar Faaruuq ayuu shiikhu, isagoo ay u muuqato masiibadu inta ay le'eg tahay, xalka dhabta ah ee arrintana aan sahal lagu gaari karin wuxuu ku soo gabogabeeyey inaanu xal kale jirin in la guuro oo dib loo noqdo mooyaane.

Runtii, waa arrin iska cad inay wax lala yaabo tahay in dawo laga raadiyo meel aan lagaba helin. Waxyaabo badan oo asaas u ah tarbiyadda carruurta ayaan ka suurtogalayn waddammadan Galbeedka, iskaba daaye qaarkood waxaa loo arkaa inay fal-dambiyeed yihiin.

Inkastoo aan ognahay dhibaatada waddankeennii ka jirta ayaa, haddana waalid badan waxay goosteen inay awlaaddooda la qaxaan inta goori goor tahay oo waddankii ku celiyey. Qaar kale oo foodda siin waayey waddankii, dhibka iyo colaadda ka jirta awgeed ayaa, waxba waxbay dhaamaane, geeyey waddammada muslimiinta.

---

(1) *Ghaayatul Maraam fii takhriijil axaadiithil xalaal walxaaraam*, 1/27.

Tarankii Qurbaha Tagey

Waa fikrad wax-ku-ool ah in qofku isweyddiiyo waxa uu doonayo, kaddibna meesha uu ka heli karo. Haddii aan rabno inaan awlaaddeenna ku tarbiyeyno dhaqan islaami ah waa inaan dhulkeedii tagnaa. Dad badan oo niyadda u wanaajiya Soomaalida ayaa waxay ku andacoodaan in sababta dadweynaha Soomaaliyeed ee Galbeedka ku nool ay sal u dhigi la' yihiin, mar walbana ay geeddiga ugu jiraan ay tahay iyagoo raadinaya meel ay ilmohooda uga heli karaan waxbarasho islaami ah.

Waxaan goobjoog u ahaa wadaad ay mar waaliddiin ka wada hadlayeen sida ay suurtogal u tahay in waddankii lagu noqdo iyadoo colaad iyo dagaallo ka jiraan. Wuxuu kula taliyey in qofkii aanay noqosho u suurtoobayn uu, ugu yaraan waqtiga fasaxyada uu carruurta waddankii geeyo. Dad badan oo taladaa qaatay waxay xaqiijiyeen inay faa'iido badan carruurtu ka heshay.

Ku Dedaal Tarbiyadda Carruurtaada

Markii aad adigu, waalidow, naftaada hagaajiso oo aad noqoto hoggaan wanaagsan, ALLAAH weyddiiso dhallaan wanaagsan. Arrinkaasu waa dhaqankii iyo caadadii Anbiyada iyo saalixiinta, sida uu nabi Zakariyaba(c s)[1] RABBI uga tuugay inuu awlaad hagaagsan siiyo, Allena uu ku sheegay inay tahay calaamadaha lagu yaqaan dadka wanaagsan[2]. Ka feker, markaa kaddib sidii aad awlaaddaada ugu tarbiyeyn lahayd tarbiyo wanaagsan adigoo ALLAAH la kaashanaya.

Haddii ALLAAH awlaad ku siiyo xaqa ugu horreeya ee ay

---

(1) Suurat Aali-Cimraan 38
(2) Suurat Al-Furqaan 84

kugu leeyihiin waa inaad magac fiican u bixiso. Nabiga (s c w) waxaa ka sugan inuu yiri: "Hagaajiya magacyadiinna."[1] Waxaa kale oo sugnaatay inuu saxaabada qaar magacyada ka beddeley, magacyada qaarna wuu diidey in lala baxo. Sidoo kale, wuu samosaadsan jirey magacyada wanaagsan. Ibnu Qayyim wuxuu yiri, "Waxaa yar inaad magac xun aragto, illaa qofkiisa ayaa xun."[2] Abuu Fatxi Ibnu Jinniyi wuxuu yiri, "Xilli ayaa i soo maray aan maqlo magac aanan macnihiisa garaneyn, kaddibna macnihiisa magaca ayaan ka qaataa, markii aan baarana waaba sida uu magacu sheegayo, ama si ku dhow."[3]

Ku ababi dhaqanka iyo asluubta toosan, jeclaysiina waxyaabaha wanaagsan. Qalbigiisa ku beer jacaylka diinta iyo caqiidada toosan. Inta uu yar yahay u laqin shahaadada oo bar inuu ku dhawaaqo, cuntada bisinka u qabto, gacanta midigtana uu wax ku cuno. Bar salaanta islaamka iyo ducooyinka fudud ee uu qaban karo. Dad badan ayaad arkaysaa marka ay carruurtooda maca-salaamaynayaan ku leh, Bye, Jaaw iyo wax la mid ah.

Tarbiyadda carruurta waxaa qayb weyn ka qaata hadba sida waalidku u dhaqmo. Ogow waxa aad ilmaha hortooda ku samaynayso inay kaa qaadanayaan. Hortooda ku tuko si ay kaaga bartaan sida loo tukado, jeclaysiina masaajidka. Wax kasta oo wanaagsan adigu marka hore samee intaadan amrin inay iyagu sameeyaan. Ha noqon kuwa carruurtooda waxa xun u diida, laakiin iyagu samaynaya.

Ha ku talax-tegin koolkoolinta carruurta, waxaa la arkay

---

(1) *Cawnul Macbuud*, 13/199
(2) *At-taqsiir fii tarbiyatil awlaad*, 1/56
(3) *Tuxfatul mawduud bi'axkaamil mawluud*, 1/146.

qaar ay u horseedday fasahaad iyo fadqalallo. Dhanka kale, ha dayacin oo ha ku gaboodfalin. Jinsi walba, lab iyo dheddigba, ku barbaari waxa ku habboon oo munaasib u ah, barna waxa wiilka laga doonayo inuu ku sifaysnaado, gabadhana sidoo kale.

La soco ilmahaaga mid walba waxa uu ku fiican yahay, si aad ugu diyaariso. Haddii aad aragto in midkood fahamkiisu sarreeyo, xifdigiisuna fiican yahay, ogow inay taasi tahay calaamad lagu garanayo inuu hibo u leeyahay inuu waxbarashada ku fiicnaado. U diyaari markaa. Haddii aad aragto mid u janjeera dhanka xoolo-raadinta iyo ganacsiga, isagana ku ogow inuu ilmo tijaaro ku fiican yahay. Ogow, qof walba waxaa loo fududeeyey wixii loo abuuray.

Waxyaabaha lagu xanto waaliddiinta Soomaaliyeed waxaa ka mid ah inay xaqiraan ilmohooda, haddii ay carruurtu damacdo inay wax u sheegaanna ku celiya hadalka, kuna ceebeeya arrinkaa. Ilmuhu waa noole leh dareen rabitaan, inta badanna garan kara waxa uu rabo. Waxa waalidka laga rabaa inuu ilmaha la-taliye u noqdo, una tilmaamo dhanka u wanaagsan. Dhegeyso ilmaha oo ha cabburinnin, mararna talo-geli oo kala tasho arrimaha reerka, gaar ahaan haddii aad qaarkood ku aragto ra'yi iyo aragti fiican.

Bar ilmaha inuu ka qayb-qaato arrimaha iskaa-wax-u-qabsada ah, sida nadaafadda masjidka, inuu jidka ka qaado waxyaabaha khatarta ku ah dadweynaha. Haddii aad la kulanto sadaqo iyo wax la uruurinayo isaga u xilsaaro inuu bixiyo, ama qaarkeed u dhiib. Ku baaruji arrimaha caamka ah ee bulshada ka dhexeeya, kana dhaadhici inay qof walba saaran tahay inuu ka qayb-qaato.

Dhulalkan Galbeedka barbaarinta waxaa ka mid ah inay ilmaha baraan inuu isku filnaado, iskuna kalsoonaado. Waa qaab wanaagsan, laakiin waxa aan ku kala duwannahay waa waxa ilmaha lagu tarbiyaynayo. Waxay iyagu xoogga saaraan inay ilmaha tusaan xornimo aan xad lahayn oo waxa uu rabo uu dooran karo, halka Islaamku waalidka farayo inay ilmaha hagaan oo aanay caqligooda keliya ku hallayn. In ilmaha sidaa la yeelo oo hoggaanka loo sii daayo waxay ku keentaa inaanu waalidka ka haybeysan, wuxuu doonana uu sameeyo. Waxay abuuraysaa kalsooni-darro iyo isnacayb ilmihii iyo waalidka ka dhex dhaca.

Gabar yar oo aan toddoba gaarin ayaa hooyadeed bas la soo raacday magaalo Ingiriiska ku taal. Baskii oo soconaya ayey tii yarayd damacday inay iska dhex tamashlayso. Hooyadeed ayaa dhawr jeer u sheegtay inay fariisato, dhegse uma dhigin. Hooyadii intay tii yarayd soo qabatay ayey si xanaaq ku jiro u fariisisey. Yartii inta il nacab hooyadeed ku eegtay ayey ku tiri, "Mar dambe haddii aad sidaa igu samaysid booliska ayaan u yeerayaa." Hooyadii oo aad mooddo in baraf lagu daadiyey ayaa inta isgashay iska aamustay.

La Soco Isbeddelka Koritaanka Carruurtaada

Waxaa la sheegaa inay carruurtu dhawr heer marto. Heerarkaa kala duwan ee ay carruurtu marayso ayaa heer waliba wuxuu keensanayaa oo u baahan yahay qaab ka duwan midka kale. Caqli gal ma ahan in ilmaha saddex jirka ah iyo midka toban jirka ah isku si loola dhaqmo, isku ilna lagu eego.

Waa kala aragti duwan yihiin, kalana rabitaan duwan yihiin.

Dhalashadiisa ilaa uu labo jirsado wuxuu u baahan yahay hooyo u naxariisata oo naaska u dhigta intay dhabteeda saarto. Xilligaasi waa xilliga uu naxariista iyo bog-ku-qabashada kaaga baahan yahay. Waxay u baahan yihiin xannaano, ilaalin iyo kalgacayl.

Marka uu labo dhaafo ilaa uu ka gaaro sannadka wax-kala-saarka, lix ilaa toddoba, waa xilliga uu ilmuhu soo saaro shaqsiyaddiisa oo uu bilaabo inuu muujiyo inuu yahay qof rabitaan leh, wuxuu rabona muujisanaya.[1] Wuxuu bilaabaa inuu ogaado deegaanka ku heeran. Waa marka uu luqadda barto. Waa xilliga uu bilaabo inuu yiraahdo, "Waxan ayaan rabaa," kuna dagaallamo inuu helo. Aad ayey u ciyaar badan yihiin, waxayna isku dayaan wax walba inay ogaadaan. Canaad iyo dhego-adayg ayey bilaabaan. Haddii aan arrimahaa loo daaweyn si isu dheellitiran, wuxuu ilmuhu ka dhaxlaa qallooc iyo tarbiyadda oo ka xumaata. Waxaa xilligan lagu sheegaa inuu yahay waqtiga ay ilmuhu ugu maskax furan yihiin oo ay wax walba isku dayaan inay jilaan oo matalaan. Waxa fiican in laga faa'iidaysto oo qalbigooda lagu shubo, lagana buuxiyo wax wanaagsan.

Wuxuu u baahan yahay ilmaha xilligaa ku jira inaad ku beerto jacayl iyo in qalbigiisu adiga kugu xirnaado. Waa inuu ku tabaa marka aad maqan tahay, marka aad timaaddona wax kasta oo uu ku jiro intuu ka soo tago uu adiga kugu soo ordaa. Sidoo kale, mar kasta inuu jecel yahay inuu

---

(1) Aqoon-isweydaarsi uu Sh. C/risaaq Hiirad ku qabtay Leicester, Ingiriiska (2007)

dhinacaaga fariisto. Wuxuu u baahan yahay in luqadda la baro, gaar ahaan afkiisa hooyo. Waalid badan ayaa xoogga saara inay ilmaha baraan luqadda dhulka uu ku nool yahay. Taas kaagama baahna caawin oo waddanka uu joogo ayaa u diyaariya iskuul iyo macallimiin ku filan, laakiin adiga waxaa lagaa rabaa inaad macallin ugu noqoto guriga oo aad luqaddiisa barto. Hore ayaan u soo xusnay in baaritaan la sameeyey uu sheegay in ilmaha ku nool meel aan looga hadlin afkiisa hooyo hadba inta ay afkooda ka yaqaannaan ay saamayn ku leedahay waxbarashadooda.

Ilmuhu markii uu toddoba sano dhaafo wuxuu la soo baxayaa wixii yaraantiisii lagu soo barbaariyey. Waa xilliga inta badan waxbarashada la geeyo. Waa xilligii Nabigu (scw) uu na faray inaan salaadda tukadashadeeda amarno[1].

Taa macneheedu waxaa weeye in salaadda la soo baro inta aanu toddoba sano gaarin.

Waa marxalad uu dareemo inuu is-hagi karo oo uu qabsan karo waxa uu u baahan yahay. Wuxuu kaa rabaa inaad barto anshaxa iyo sidii uu u dhaqmi lahaa. In la kala baro xaaraanta iyo xalaasha. Sidoo kale, xuquuqda lagu leeyahay iyo sida uu dadka kale ula dhaqmi lahaa, taasina waxay keenaysaa inuu garto inaanu ku xadgudbin dadka kale, isaga laftigiisuna fahmo waxa xadgudubku yahay.

Marxadda tobanjirka marka ilmuhu dhaafo ilaa uu ka qaangaarayo waxaa lagu tilmaamaa marxadda saaxiibtinnimada

---

(1) *Saxiixu Abii Dawud*, 2/401

iyo isweheshiga[1]

Macnuhu waxa weeye, waxaad soo dhistay ilmaha ilaa uu da'daa ka soo gaaro. Markan waxaa loo baahan yahay inaad ku ilaaliso wixii aad soo bartay oo haddii uu gefo aad saxdo oo aad tiraahdo, "Arrinkani sidan ma ahayn ee waad ku geftay." Waa xilliga sixidda iyo baraarujinta.Talada reerka inaad ka qayb-geliso oo haddii uu wiil yahay aad u diyaariso wixii nin looga baahnaa, si uu xilliga qaangaarka ugu diyaargaroobo. Gabadhana sidoo kale iyana loogu diyaariyo.

Waxaa habboon in ilmaha lagu sii carbiyo waxyaabaha muhiimka ah ee looga baahan yahay marka uu qaangaaro iyo weliba waxyaabaha ku soo kordhi doona jir ahaan. Wiilka waa inaad bartaa calaamadaha muujinaya inuu qaangaar yahay oo aan lagala xishoon. Sidoo kale, gabadha in lagu baraarujiyo in haddii ay calaamadaha qaar isku aragto ay ogaato inay inan gashaanti ah noqotay. Dad badan ayaa dayaca arrintaa waana muhiim. Waxaa la arkay carruur muddo qaangaar ahaa oo loo qabo inay weli carruur yihiin. Intaa kaddibna, ilmaha la baro sidii ay ula dhaqmi lahaayeen isbeddelkaa haddii uu ku yimaado. Tusaale ahaan, in gabadha la baro xilliga caadada ay qabto waxa ka reebban iyo sida ay isu daahirin lahayd.

La Soco Nidaamka Waddanka Aad Ku Nooshahay

Waxaa habboon in qofku ogyahay nidaamka tarbiyadeed ee dhulka uu ku nool yahay. Dad badan ayaan ku baaraarugsanayn

---

(1) Aqoon-isweydaarsi uu SH. C/risaaq Hiirad ku qabtay Leicester, Ingiriiska (2007)

inay jirto kala duwanaan weyn oo uu dhaxaysa tarbiyadda islaamiga ah iyo midda Galbeedka taal. Haddii aad adigu u taqaanney garaaca, ama ilmaha oo la dhengedeeyo haddii uu gefo inay tahay qayb ka mid ah edbinta carruurta, halkan (Galbeedka) waa ka mamnuuc oo waxaa loo arkaa xadgudub.

Waxaa jira barnaamij lagu magacaabo xadgudubka ilmaha (Child abuse) oo ka jira dhulalkan. Waxaa jirta hay'ad dhan oo u xilsaaran arrintaa (Child protection). Waxay hay'addaasi la shaqaysaa laan kasta oo ay soo hoos geli karto wax ilmo ku saabsan, ama ku taxaluqa. Waxay xiriir la leedahay booliska, iskuullada, naadiyada isboortiga, isbitaallada iyo hay'adaha kale ee arrimaha bulshada u xilsaaran.

Waxyaabaha ay ku tiriyaan inay xadgudub ku tahay ilmaha waxaa ka mid ah qaar, run ahaantii, sax ah oo magacaa qaadan kara. Sidoo kale, waxaa jira qaar aad arkayso in laga badbadiyey oo ilmaha oo ay wax u taraan iska daaye sii luminaya. In qofku qaato magaca "Ilmonnimada" waxay u yaqaannaan laga soo bilaabo marka ilmuhu dhasho ilaa uu Siddeed iyo toban sano ka gaarayo.

Waxay u qaybiyaan sida ilmaha loogu xadgudbo ilaa afar qaybood, xadgudubkaasina wuxuu ka dhici karaa guriga, iskuulka, goobaha ciyaaraha ama dalxiiska iyo meelo kale. Qaybahaasi waa sidan:

Qaybta koowaad, waxay ku magacaabaan xadgudub jireed (Physical abuse). Waa marka ilmaha jir ahaan dhib loo geysto oo la garaaco, ama si kale nabarro loogu geysto. Haddii uu ilmuhu sheegto in la garaacay waxay isku dayaan inay helaan astaamo muujinaya arrinkaa. Calaamadahaa waxay noqon karaan nabar ilmaha jirkiisa ku yaal, barar, gubniin iyo wax la mid ah. Qaar ayaa iyagu ku qanca uun in ilmuhu sheegto in la diley.

Qaybta labaad, waxaa lagu magacaabaa xadgudub dareen ahaaneed, ama maskax ahaaneed (Emotional abuse). Waa ilmaha oo dareenkiisa lagu xadgudbo, sida in la bahdilo, lagu qayliyo, la caayo, la xaqiro iyo wixii la mid ah. Arrinkaasi wuxuu dhaawac u geysanayaa ilmaha maskaxdiisa iyo qalbigiisa. Waxyaabaha la sheego in lagu garto in ilmahaa dareen ahaan loogu xadgudbey waxaa ka mid ah in ilmuhu inta badan maahsan yahay, ama niyadjab ka muuqdo. Inaanu isku kalsoonayn oo baqdini ku jirto, ama uu kacsan yahay iyo wixii la mid ah.

Qaybta saddexaad, waxay ku tilmaamaan in ilmaha la dayaco (Neglect). Dayacaadda ilmaha waxay noqon kartaa iyadoon ilmaha laga haqab-tirin waxyaabaha nolosha kaabayaasha, ama lafdhabarta u ah, sida cuntada, hoyga, caafimaadka, dharka iwm. Waxay noqon kartaa ilmihii oo aan laga fekerin noloshiisa oo aan la siin cunto fiican oo uu ku noolaado ama isu dheellitiran, waxaana jira cuntooyin ilmaha ku habboon. Sidoo kale, caafimaadkiisa oo aan laga fekerin. Dharka uu u baahan yahay oo aanu helin waa dayacaad, iyadoo weliba la tixgelinayo xilliga iyo sida jawigu yahay. Xilliga qaboobaha waa inuu helo dharka qabowga, xilliyada kalena sidoo kale. Waxaa ka mid ah nadaafadda ilmaha in la dayaco iyo inaan laga taxaddarin.

Waxyaabaha lagu garto waxaa ka mid ah: ilmihii oo weyd, ama caato noqdo, isagoo aan xirnayn dhar cimilada uu joogo ku habboon. Sidoo kale, ilmihii oo aan nadiif ahayn oo soo uraya jismi ahaan iyo dhar ahaanba. Iyo ilmihii oo shilkiisu badan yahay oo mar walba nabar ku dhacay isbitaalka loo geeyo.

Qaybta afraad, Waa ilmaha oo la fara xumeeyo (Sexual abuse). Arrintani inta badan kama dhacdo bulshooyinka muslimka ah, laakiin waxay aad ugu badan tahay dhulalkan Galbeedka, waxaase jira waxyaabo innaga agteenna caadi ka ah, laakiin markii dhulalkan la joogo xadgudub u xisaabsan.Tusaale ahaan, ilmaha oo aad jirkiisa taabato, ama aad isla cidlaysataan xadgudub ayaa lagu tirin karaa. Ma kala lahan dadka arrinkaasi ka dhaco inay ilmaha sokeeye, ama shisheeye u yihiin. Waxaa badan ilmo ay faro-xumeeyaan waalidkiis, ama kuwo ay qaraabo yihiin. In badan ayaa la maqlaa ilmo la af-duubay, waxa ilmahaa loo qafaashaana waa falkaa xun. Arrinkaasi dhawr qaab ayuu yeelan karaa, sidaan soo xusnayba, ilmaha oo aad jirkiisa taabato, gaar ahaan meelo khaas ah oo tuhun keeni kara, inaad tusto aflaanta xunxun iyo inaad ku dhiirrigeliso falkaa xun.

Waxyaabaha la sheego in ilmaha la faro-xumeeyey lagu garto waxaa ka mid ah: In ilmaha baaritaan lagu sameeyey lagu ogaado, in laga helo cudurrada falkaasu keeno. Waxaa ka mid ah, isbeddel jir ahaaneed, ama akhlaaq ahaaneed oo ilmaha laga dareemo, kaas oo ka duwan midka lagu yaqaan ilmaha aynigiisa ah. Waxa kale oo lagu gartaa ilmaha oo arrinkaa ka sheekeeya oo hadal-hayntiisu ku badato. Sidoo kale, ilmaha oo xiriir la leh dadka xumaantaa lagu yaqaan. In ilmihii lagu arko baaq, ama calaamado la dareemayo inuu arrinkaa sarbeebayo oo ah sida lagu yaqaan, ama ay isku fahmaan dumarka jirkooda iibsada iyo ragga ay markaa u baaqayaan.

Soo kooboo, waa inaad ogtahay dhaqanka bulshada aad ku dhex nooshahay, kuna baraarugsan tahay albaab kasta oo lagaa soo geli karo iyo wax kasta oo lagugu dagi karo.

Isu Dheellitiridda Edbinta Carruurta

Waxaan uga jeednaa in labada waalid isu dheellitiraan sida ay ilmohooda u tarbiyaynayaan. Arrinkaasi qayb weyn oo muhiim ah ayuu ka qaataa anshaxa ilmaha. Waxaad arkaysaa aabbe ama hooyo ilmihii ul la hortaagan iyo lammaanihii kale oo aan far u qaadayn. Waxa kale oo aad arkaysaa aabbe leh, "Hebel maanta khaladkaa ayuu sameeyey, sidaa darteed sidaa ayaan ku ganaaxay," iyo hooyo markuu aabbuhu dhaqaaqo, intuu ilmihii isu bihinbihiyo, farta ka saaraysa, ama u yeelaysa wixii loo diiddanaa. Waxaa bulshada soomaaliyeed aad ugu badan inay dhacdo in labada waalid midkood uu ilmaha canaanto, ama yaraha xanjafiyo, kii kalena uu ilmihii garab-siiyo oo waalidkii kale weeraro oo "ha iga dilin ilmaha, ii daa ilmaha" iyo wax la mid ah yiraahdo.

Ilmaha in la edbiyo kama bilaabanto marka ilmuhu caqliyeysto, sida waalid badan oo Soomaaliyeed u haysto. Ditoor Maxammed Sibaaq ayaa wuxuu yiri, "Waxaan ka maqlay Maalik Bin Nabi (Alle ha u naxariistee) nin inuu u yimid kala tashanaya tarbiyadda ilmo markaa dhashay. Inta ilmuhu jiro ayuu weydiiyey, wuxuuna u sheegay inuu bil jiro. Wuxuu ku yiri, `waqtigii waa ku dhaafay!' Markii hore waxaan u malaynayey inaan arrinta buunbuuniyey, laakiin markii aan u fiirsaday waxaan ogaadey hadalkaan iri inuu sax ahaa. Ilmuhu waa ooyayaa markaas ayey hooyadu naaska u dhigaysaa. Arrinkaa ayaa dabeecad u noqonaya iyo inay oohintu tahay

waxa uu ku gaari karo dantiisa, sidaana waa ku weynaanayaa. Haddii Yuhuudi garaaco, Qarammada Midoobey ayuu ku ooyayaa, isagoo u malaynaya inuu oohinta xaqiisii ku helayo."[1]

Arrinkaas aad ayuu ugu badan yahay carruurteenna. Waxaa dhacda inuu ilmuhu wax u baahdo, haddii loo diidana uu oohin miciinsado ilaa uu dantiisa ka gaaro. Waalidkii inuu arrinkii u fuliyo ayaa la arkaa isagoo ilmaha u naxaya, ama is leh aad isaga aamusisid qayladiisa. Arrinkaasi ilmaha wuxuu ku keenaa inuu noqdo ilmo jilicsan oo nugul, wax kasta oo ku yimaadana oohin ku xalliya. Malaha, arrintaasi waa midda keentay in ilmaheennu noqdaan kuwo qaylo iyo oohin badan.

Waxyaabaha kale ee muhiimka ah waxaa ka mid ah, inuu waalidku ilmaha tuso nidaam wanaagsan iyo kala dambayn. In hooyadu muujiso inay saygeeda, ama odaygeeda ka dambayso oo ay qaddarinayso. Sidoo kale, aabbuhuna muujiyo inuu xaaskiisa si wanaagsan ula dhaqmayo. Taasi waxay keenaysaa inuu ilmuhu dareemo kala dambayntaa iyo isxaq-dhawrkaa, sidaana uu ku barbaaro, halkaana uu ka soo baxo ilmo toosan. Haddiise reerku uu noqdo meel hardan iyo dagaal ka socdo, ilmuhuna dagaalka ayuu dhinaciisa ka galayaa, bulshadana waxaa u soo baxaya ilmo loollan ku jira. Taas, ayaan isleeyahay, malaha waxay ka qayb qaadataa dabeecaddan kulul iyo dhirifka degdegga ah ee nalagu sheego.

Waxa kale oo muhiim ah in waalidku maskaxda ku hayo oo uu ogaado, aadna ugu xisaabtamo inaanu joogin Soomaaliya

---

(1) At-taqsiir fii tarbiyatil awlaad, 1/14-15

ama dhul muslim. Dad badan ayaa muuqaal ahaanna dhulalkan Galbeedka jooga, maskax ahaan, ama fakar ahaanna Soomaaliya jooga. Waxaan naqaanney ilmo inta iskuul loo diro, kaddibna iyagu ka yimaada oo guriga uun iyaga iyo waalidku ku kulmaan. Halkani waxay kaaga baahan tahay dhawr arrimood: Inaad horta meel iska dhigtid wixii aad waddankii ku taqaanney oo aad u diyaar-garowdo noloshan cusub iyo waxa ay keensanayso. Tan labaad, inaad adiga laftigaagu wax barato si aad, ugu yaraan, ilmaha waxbarashadooda ula socoto. Waalid ayaan kala sooci karin haddii heerka waxbarasho ee ilmhiisa loo sheego inuu mid hoose yahay, ama mid sare. Tan saddexaad, inaad noloshii miyiga soo xusuusato ee ahayd in subaxdii inta ariga la foofiyo, qof raacana lagu daro. Halkan ilmaha ayaa sidaa kaaga baahan oo la raacaa. Ha ka xishoon inaad ilmahaaga dabo-socoto oo aad ogaato tallaabo kasta oo uu qaadayo. Haddii ay dhulkeennii ceeb ahayd, halkan waxaa lagugu qorayaa, ama lagugu tirinayaa waalid ilmihiisa la socda oo wanaagsan.

Waxaas oo dhan waxaa saldhig u ah in la helo waalidiin wada-shaqeeya oo u fekera sidii ay ilmohooda u bedbaadin lahaayeen. Dhulkan waxaa looga nool yahay in koox koox la isugu xirmo, waayo qof keligi wax qabsan karaa ma jiro. In urur waaliddiin la samaysto waa waxyaabaha lagu bedbaadi karo. Gacmo wadajir ayey wax ku gooyaan.

Waxaa fudud in la samaysto ururro xoolo lagu tabcayo, laakiin in laga fekero tarbiyadda ilmaha oo ah wax bashar la siiyo, ama uu haysto waxa ugu muhiimsan waxay noqotay mid aan, inta badan, ku soo dhicin maskaxda waalidiinta Soomaaliyeed, qorshaha u degsanna aan ugu jirin.

Gunaanad

Nin ah qolada soomaalidu u taqaan kitaab-gaablow ayaa maalin ka dhex istaagey goob la isugu yimid, isagoo maaggan inuu xoogaa wacdi ah ka jeediyo. Ismaanu moogeyn oo wuu is ogaa inaanu cilmi badan meesha ku hayn, laakiin wuxuu arkay waqti habboon iyo goob munaasib ah oo raggeedii aanu meesha ka muuqan. Intuu is-hayn waayey ayuu khudbo iyo wacdi la istaagey. Goor uu meel dhexe marinayo ayaa nin ka cilmi roonaa isa soo taagey. Inuu fariisto oo hadalka joojiyo ceeb ayey la noqotay. Sidoo kale, inuu hadalka sii wadona wuu ku dhici waayey oo horaa loo yiri: "Hal libaax arkaysa ma godlato." Hadalka inuu soo gunaanado ayey la noqotay, wuxuuna ku soo gabogabeeyey, "Dadyahow hadal aan wacdi dhaafin ayaan idiin sheegayaa, hadalkaasina waa: `ALLAAH ka baqa,' ee Rabbigii idin abuurtay ka cabsada."

Waxaan ka wadaa, wax badan ayaan qoraal soo wadney ku saabsan ilmaheenna iyo qurbaha, wax badanna aan isu sheegnay. Waxaan jeclaan lahaa inaan ku soo gunaanado qodobbo kooban oo aan u arkay inuu qoraalka oo dhan ku dul wareegayey.

• Waalidow, ALLAAH ka baq oo aqoonso masuuliyadda ku saaran. Ilmuhu waxay kugu yihiin ammaano, waana lagaala xisaabtamayaa. Xadiis Nabiga (s c w) laga weriyey ayaa waxaa ka mid ahaa: "Dhammaantiin waxbaa la idin raaciyey, qof walbana wixii la raaciyey waa la weydiinayaa."⁽¹⁾

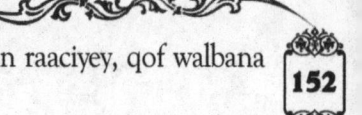

• Ha kala bakhaylin carruurtaada inaad ku bixiso dhaqaale badan, gaar ahaan kuwa iyaga lagu magacaabo, sida: Child benefit, child credit, iwm. Taasi waxay ilmo badan ku keentay inay dhaqaale ku raadiyaan siyaalo fool xun, sida tuugannimo, daroogo, iwm.

• Waalid badan ayaa dayaca inay ilmaha diintooda baraan. Taasi waxay u horseedday inay ilmuhu diintooda aqoon u yeelan waayaan, dhaqankana ay ka qaataan meelo kale oo ka fogeynaya akhlaaqdii wanaagsaneyd ee Islaamka. Taa waxaa ka muhiimsan in waalidka qudhigiisu waxbarto. Qoysas badan waxaa burburiyey, sidoo kalena carruur badan faraha ka bixiyey waa jahli.

• Ha fududaysan xuquuqda ilmahaaga, yaanay kugu dhego-adaygini. Waalid badan ayaan ku baraarugsanayn inay muhiim tahay inay marmar aqbalaan dalabka ilmohooda. Xisaabta ku darso inay ilmuhu bashar yihiin oo ay jecel yihiin inay helaan waxay naftoodu la dhacdo.

• Waqti badan ku bixi carruurtaada, gaar ahaan aabbayaasha. Intii aad waqti badan ku bixin lahayd la sheekaysiga asxaabtaada, waxaa kaaga khayr roon inaad ilmahaaga gelisid. Gabyaaga carbeed ee Axmed Shawqi ayaa waxaa gabaygiisa ka mid ahaa: "Agoonku ma ahan midka aabbihi dhintay ee waa midka la kulma hooyo ka tagtay, ama aabbe mashquul ah."

---

(1) *Saxiixu Al-Adabu Al-Mufrad Lil-Bukhaari*, 1/91.

- Waalid badan ayaa u qaba in tarbiyadda wanaagsani ay tahay in ilmaha laga fekero cuntadiisa, lebbiskiisa iyo muuqaalkiisa jireed oo illaawa in korinta maskaxeed ay ka horrayso oo ka wanaagsan tahay korinta jireed. Naftu quudin ayey u baahan tahay sida jirkuba ugu baahan yahay, quudinteeduna waa in ilmaha lagu tarbiyeeyo akhlaaq wanaagsan. Waxa ugu wanaagsan, uguna horreeya oo ilmaha ruuxdiisa lagu dhiso waa salaadda.

- Waalid badan ayaa ilmaha ku barbaariya adduunyo jacayl, una tusa in waxa loo ordayaa ay iyada tahay. Nin oday ah ayaa ii yimid oo wiilkiisa ka sheeganaya. Wuxuu ku eedaynayaa inuu ka haray waxbarashadii oo mar walba uu rabo inuu masaajidka iska dhex-fadhiyo. Wuxuu odaygu ku calaacalayaa inuu wuxuu intaas oo sano ku soo dhimanayey uu ka leexday. Arrintii markii aan u dhabba-galay waxaan ogaadey in wiilku goostay inuu waxbarashada maaddiga ah hakiyo si uu quraankana u xafido, diintana wax uga barto. Taasi waxay keentaa in la arko waalid badan oo ilmohooda u ciqaabaya wax yar oo adduunyo ah oo uu halleeyey, laakiin aan dan ka lahayn haddii aanu salaadba tukan. Wiil ayaa wuxuu ii sheegay in wiil labaatan madaxa la dhaafay, muddo ka horna ka yimid Canada uu ku soo booqday Nayroobi. Wiilku salaad iyo si loo tukado midna ma yaqaan. Dhanka kale, waxbarashadiisa maaddigu waa fiican tahay. Wuxuu ii sheegay inuu salaaddii baray oo uu hadda tukado. Waxaa la yaab ahayd in markii wiilkii la weydiiyey inuu tukan jirey intuu Canada joogey uu sheegay inaanuba weligii masjid tegin! Wiilkaasi wuxuu la noolaa waalidki, inta badanba hooyadi ha la joogee.

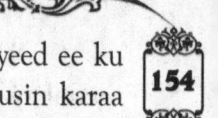

- Markii aan ka hadlayno qoysaska soomaaliyeed ee ku nool qurbaha waxa ugu munaasabsan oo la xusuusin karaa labada waalid waxa weeyaan, inay iyagu wada dhaqankooda hagaajiyaan. Ogow waxaad u tahay carruurta muraayad ay isku fiirinayaan. Waxaa wax lala yaabo ah inaan wanaag raadinno, annaguna aannan ku toosnayn. Taasi waa mid tusinaysa qallooc bilowgi. Haddii aad hooyooy rabto ilmo kuu hagaaga, horta adigu is hagaaji. Noqo mid ka soo baxda xuquuqdii lagu lahaa. Haddii aad rabto inaadan u aabba-yeelin sida aad odaygaaga ula dhaqmayso oo aanu xushmad iyo qaddarin kaa helin, ha ka dhawrin carruurtaada baarrinnimo. Waxay la mid tahay ninkii digirta beeray ee u carooday in masaggo u soo go'do. Ogsoonow oo maskaxda ku hay murtida oranaysa: "Hoggaansan ha laguu hoggaansamee!"

- Sidoo kale, in aabbuhu ku baraarugsanaado dhulka uu joogo oo uu ku xisaabtamo. Meel walba siday tahay ayaa loola yaallaa. Haddii aad timid dhul aan aabbuhu calan-wadeyneyn oo taladii maatada gacanta loo geliyey, xusuuso maahmaahdii soomaaliyeed ee ahayd: "Haddii gacantaadu shakal (meel ciriiri ah) kaa gasho laguma soo dhufto." Raadi sidii aad adiguna ku samato-bixi lahayd, reerkaaguna kuugu bedbaadi lahaa. Ha noqon gartiisa ciil ka yeeshe oo inta carooda wax walba jeeniga ku dhufta. Qolo ayaa laabka kuu taagan oo isha kugu haysa, rabtana inay inta ku daandaansato adiga iyo reerkaaga idin kala geyso. Daandaansiga ama dulmiga ugu weyn oo raggu dhulkan Galbeedka kala kulmay waa in la yiraahdo, "reerkaaga uma talisid." Arrinkaa gabdho badan ayaa ku dagmay oo u dheg-raariciyey. Marka, ogow waxa xaaskaagu falayso, ama samaynayso waa shirqool iyada gadaasheeda lagaaga maleegayo. Iyadu yaanay kuu muuqan, laakiin qolada gadaal ka hageysa ha kuu muuqato, iyagana iska eeg.

- Intaas oo dhan waxaa isku fuuqsaday, waa in qof walba uu isku diyaariyo sidii uu dib ugu haajiri lahaa. Hijrada ka hor, halkii aad u noqon lahayd waa iyadaa qasane muruq, maal iyo maskaxba ku bixi sidii aad uga qayb qaadan lahayd hagaajinteeda.

Haybad waxaad ku leedahay dhulkaaga hooyo!

«حدثنا إسماعيل حدثني مالك عن عبد الله بن دينار عن عبد الله بن عمر ﷺ أن رسول الله ﷺ قال ألا كلكم راع وكلكم مسئول عن رعيته فالإمام الذي على الناس راع وهو مسئول عن رعيته والرجل راع على أهل بيته وهو مسئول عن رعيته والمرأة راعية على أهل بيت زوجها وولده وهي مسئولة عنهم وعبد الرجل راع على مال سيده وهو مسئول عنه ألا فكلكم راع وكلكم مسئول عن رعيته»(1)

Cabdullaahi Ibnu Cumar wuxuu yiri, "Nabigu (s c w) wuxuu yiri, 'dadow dhammaantiin waxbaa la idin raaciyey, waana la idin weydiin doonaa. Hoggaamiyaha dadka waxbaa la raaciyey, waana la weydiin doonaa. Ninka waxaa la raaciyey reerkiisa, waana la weydiin doonaa. Haweeneyda waxaa la raaciyey guriga iyo carruurta ninkeeda, waana la weydiin doonaa. Addoonka waxaa la raaciyey xoolaha sayidkiisa, waana la weydiin doonaa. Warhooy, dhammaantiin waxbaa la idin raaciyey, waana la idin weydiin doonaa."

---

(1) Saxiixu al-adabu Al-mufrad Lil-bukhaari, 1/91.

Tixraac

- **Suurat Ali-Cimraan** 38, Suuratu An-Nisaa 3, 34, Suuratu Yuusuf 111, Al-Mu'minuun 53, Suurat Al-Furqaan 84 (1412). *Quraanka Kariimka iyo tarjamada macnihiisa ee Afka Soomaaliga.* Madiina Al-Munawara: Majmacu khaadimu Al-Xarameyn Ash-shariifeyn lidabaacatil Musxaf As-Shariif.

- **Mohammed Ibn Isma'il Al-bukhari**(Taxqiiq: Mohammed Fu'ad Abdulbaqi) (1409 - 1989). *Al-adabul Mufrad.* 3rd ed. Beirut: Daarul bashaa'irul islaamiya. 1/208.

- **Mohammed Ibn Isma'il Al-Bukhaari**(Taxqiiq: Mohammed Fu'ad Abdulbaqi) (1409 - 1989). *Al-adabul Mufrad.* 3rd ed. Beirut: Daarul bashaa'irul islaamiya. 1/62.

- **Sheikh Nasiruddiin Al-Albaani** (1405 - 1985). *Irwaa'ul Ghalil.* 2nd ed. Beirut: Al-maktabul Islaamiyi. 4/49.

- **Sh. Maxammed Naasiruddiin Al-Albaani** (-). *Saxiixul Targhiib Watahriib.* 5th ed. Riyadh: Al-maktabul macaarif. 2/193.

- **Mohammed Bin Cabdullahi Atabrizi,** (tahqiiq Albani) (1405 - 1985). *Mishkaatul masaabiih.* 3rd ed. Beirut: Al-maktabul Islaamiyi. 3/87.

- **Mohammed Bin Cabdullahi Atabrizi,** (tahqiiq Albani) (1405 - 1985). *Mishkaatul masaabiih.* 3rd ed. Beirut: Al-maktabul Islaamiyi. 3/54.

Tixraac

- Mohammed Naasiruddiin Al-Albaniyi (1405 - 1985). *Mukhtasar Irwaa'ul Ghaliil.* 2nd ed. Beirut: Al-maktabul Islaamiyi. 1/235.

- Ibn Qaiyim Aljawziyi (Taxqiiq Abdulkadir Al-arnaa'uud) (1391 - 1971). *Tuxfatul mawduud bi'axkaamil mawluud.* Dimishiq: Maktabatu daaril bayaan. 1/242.

- mohammed Naasiruddiin Al-Albaniyi (1405 - 1985). *Irwaa'ul Ghalil.* 2nd ed. Beirut: Al-maktabul Islaamiyi. 6/28.

- Mohammed Naasiruddiin Al-Albaniyi (1423 - 2002). *Saxiixu Abii Dawud.* Kuwait: Mu'asasatu Gharas lin-nashri watawzic. 2/401.

- Mohammed Naasiruddiin Al-Albaniyi (1424 - 2003). *Al-tacliiqaatul Xisaan calaa saxiixul Ibn Xibbaan.* Jiddah: Daaru baa Waziir li-nashri wat-tawziic. 4/446.

- Mohammed Naasiruddiin Al-Albaaniyi (1405 - 1985). *Irwaa'ul Ghalil.* 2nd ed. Beirut: Al-maktabul Islaamiyi. 8/67.

- Sh. Maxammed Naasuriddiin Al-Albaani (1423-2002). *Saxiixu Abii Dawud.* Kuwait: Mu'asasatu Gharas lin-nashri watawzic. 7/363.

- Maxammed bin C/raxmaan Al-Curayfi (1421). *Jalsatu maca mughtarib.* Riyadh: Maktabatu Malik Fahad. 1/14-18.

- Maxammed Bin C/llaahi At-tabriizi (Taxqiiq:Albaani) (1405 - 1985). *Mishkaatul masaabiix.* 3rd ed. Beirut: Al-maktabul Islaamiyi. 2/340.

- Maxammed Bin Ibraahiim Al-Xamad (1416-1995). *At-taqsiir fii tarbiyatil awlaad.* 2nd ed. Riyadh: Daaru Ibnu Khuseyma Lil-nashri Wat-tawziic. 1/51.

- Mohammed Naasiruddiin Al-Albaniyi (1405). *Ghaayatul Maraam fii takhriijil axaadiithil xalaal walxaaraam.* 2nd ed. Beirut: Al-maktabul Islaamiyi. 1/27.
- Maxammed Shamsul-xaq Al-cadiim Aabaadi (1415). *Cawnul Macbuud (14 majaladood).* 2nd ed. Beirut: Daaru Alkutubu Al-cilmiya. 13/199.
- Maxammed Bin Ibraahiim Al-Xamad (1416-1995). *Attaqsiir fii tarbiyatil awlaad.* 2nd ed. Riyadh: Daaru Ibnu Khuseyma Lil-nashri Watawziic. 1/56.
- Ibn Qaiyim Aljawziya (Taxqiiq Cabdulqaadir Al-arnaa'uud) (1391 - 1971). *Tuxfatul mawduud bi'axkaamil mawluud.* Dimishiq: Maktabatu daaril bayaan. 1/146.
- Maxammed Bin Ibraahiim Al-Xamad (1416-1995). *Attaqsiir fii tarbiyatil awlaad.* 2nd ed. Riyadh: Daaru Ibnu Khuseyma Lil-nashri Watawziic. 1/14-15.
- Mohammed Naasiruddiin Al-albaniyi (1421). *Saxiixu al-adabu Al-mufrad Lil-bukhaari.* Urdun: Daaru as-sadiiq. 1/91.
- **Dr Cabbaas Maxjuub.** Murtakazaatu At-Tarbiyatu Al-Islaamiya. Majalatu Al-Jaamacatu Al-Islaamiya Al-madiinatu Al-Munawara. 44 (44), 74-83 (Waafaqsan Maktabatu Ash-shaamila).
- **Islamweb.net.** (31th Desember 2001). *xaqu Al-Walad calaa Waalidayhi.* Available: http://www.islamweb.net/media/index.php?page=article&lang=A&id=12615. Last accessed 09th Febaraayo 2012.
- **Shabaku Al-Minbar.** (2007). Aathaaru Dunuub Wal-Macaasii. *Mawsuucatu Khudabu Al-Minbar.* Diyaariyey: Al-Maktaba Ash-Shaamila. 1/615.

Tixraac

- **Mina Maxruus.** (28/06/2006). *Akhiiran... Al-Mar'atu Al-caamilah Tadlubu Al-Cawdata ilaa Manzilihaa!.* Available: http://www.islammemo.cc/2006/06/28/5218.html. Last accessed 04th Feb. 2012.

- **Badar Bin Naadir Al-Mashari.** (1426). *Cish Ash-Shaydaan.* Available: www.saaid.net/Doat/almshary/11.DOC. Last accessed 09th Febaraayo 2012.

- **Axmed Faarax Cali "Idaajaa"** (2005). *Murtida Maahmaahda Soomaalida.* Qaahira: Maktabatu Nahda Al-masriya. 1/49-51.

- **Julia Bush** (2007). *Women Against The Vote: Female Anti-Suffragism in Britain*. Oxford: Oxford University Press. 168, 182, 190, 229, 258.

- **Eilef J. Gard.**(22.04.2004).*Somalierne-hvem er de?* Available :http://fih.fjellhaug.no/wp-content/uploads/2011/01/Innsyn-2004-1.pdf. Last accessed 27th January 2012.

- **Cabdi Galayax.** 16 Hal.Available: http://www.doollo.com/mainpage/boggasuugaanta/cabdigalayax/16hal.htm. Last accessed 29th Jan. 2012.

- **Kulammo, aqoon-isweydaarsi**, aan ka qayb-galay iyo muxaadarooyin aan ka dhageystey culimada qaar.

- **Xog-uruurin aan ka sameeyey** bulsho-weynta Soomaaliyeed ee galbeedka ku nool, gaar ahaan Yurub.

www.ingramcontent.com/pod-product-compliance
Lightning Source LLC
Chambersburg PA
CBHW011613290426
44110CB00020BA/2579